Cicero | In L. Catilinam orationes

# Marcus Tullius Cicero

# In L. Catilinam orationes

# Vier Reden gegen Catilina

Lateinisch / Deutsch

Übersetzt und herausgegeben
von Michael von Albrecht

Reclam

RECLAMS UNIVERSAL-BIBLIOTHEK Nr. 19369
2016 Philipp Reclam jun. GmbH & Co. KG,
Siemensstraße 32, 71254 Ditzingen
info@reclam.de
Gestaltung: Cornelia Feyll, Friedrich Forssman
Druck und Bindung: Esser printSolutions GmbH,
Untere Sonnenstraße 5, 84030 Ergolding
Printed in Germany 2025
RECLAM, UNIVERSAL-BIBLIOTHEK und
RECLAMS UNIVERSAL-BIBLIOTHEK sind eingetragene Marken
der Philipp Reclam jun. GmbH & Co. KG, Stuttgart
ISBN 978-3-15-019369-3
reclam.de

M. Tulli Ciceronis
in L. Catilinam orationes

Marcus Tullius Cicero
Vier Reden gegen Catilina

# Oratio prima

**1** (1) Quo usque tandem abutere, Catilina, patientia nostra? Quam diu etiam furor iste tuus* eludet? Quem ad finem sese effrenata iactabit audacia? Nihilne te nocturnum praesidium Palatî,** nihil urbis vigiliae, nihil timor populi, nihil concursus bonorum omnium, nihil hic munitissimus habendi senatus locus, nihil horum ora voltusque moverunt? Patere tua consilia non sentis? Constrictam iam horum omnium scientia teneri coniurationem tuam non vides? Quid proxima, quid superiore nocte egeris, ubi fueris, quos convocaveris, quid consilî ceperis, quem nostrum ignorare arbitraris? (2) O tempora, o mores! Senatus haec intellegit, consul videt: hic tamen vivit. Vivit? Immo vero etiam in senatum venit, fit publici consilî particeps, notat et designat oculis ad caedem unum quemque nostrum. Nos autem – fortes viri – satis facere rei publicae videmur, si istius furorem ac tela vitemus. Ad mortem te, Catilina, duci iussu consulis iam pridem oportebat, in te conferri pestem istam, quam tu in nos omnîs iam diu machinaris. (3) An vero vir amplissimus, P. Scipio, pontifex maximus, Ti. Gracchum mediocriter labefactantem statum rei publicae privatus interfecit; Catilinam orbem terrae caede atque incendiis vastare cupientem nos consules perferemus?

* Die meisten Herausgeber (auch Maslowski [im Folgenden: M.]) lesen hier *nos eludet.* Das Richtige hat aber der Ambrosianus (10. Jh.), ebenso Halm [5]1863 zur Stelle mit Victor und Donat. Zum absoluten Gebrauch von *eludere* bei Cicero (»sein Spiel treiben«) s. K. F. v. Nägelsbach, *Lateinische Stilistik*, Ndr. Darmstadt 1967 (= [9]1905) § 116,1.
** *Palatii* ist dreisilbig zu lesen (*Palatî*), ebenso weiter unten *consilî* (und öfter).

# Die erste Rede

**1** (1) Wie lange noch wirst du, Catilina, unsere Geduld missbrauchen? Wie lange noch soll dein Wahnwitz freies Spiel haben? Bis zu welcher Grenze wird zügellose Dreistigkeit sich brüsten? Die nächtliche Besetzung des Palatiums[1] – hat sie dich gar nicht erschüttert? Nicht die Wachtposten in der Stadt[2], nicht die Furcht des Volkes[3], nicht das Zusammenströmen aller Gutgesinnten[4], nicht dieser sicher verwahrte Versammlungsort[5] des Senats, nicht die Mienen und Blicke der Anwesenden? Spürst du nicht, dass deine Pläne aufgedeckt sind? Dass deine Verschwörung allein schon durch das Wissen aller hier Versammelten in Fesseln gelegt ist: Siehst du es nicht? Was du letzte Nacht[6], was du vorletzte Nacht[7] getrieben hast, wo du gewesen bist, welche Leute du zusammengerufen, was für einen Plan du gefasst hast – wer von uns, meinst du, wüsste das nicht? (2) Was für Zeiten! Was für Sitten! Der Senat durchschaut all dies; der Konsul sieht es: Und dennoch lebt dieser Mann. Was sage ich »er lebt«? Er kommt sogar in die Senatsversammlung, beteiligt sich an der politischen Beschlussfassung, merkt sich jeden Einzelnen von uns vor und bestimmt ihn durch seinen Blick zur Ermordung. Und wir – »tapfer« wie wir sind – glauben unsere Pflicht gegenüber dem Gemeinwesen zu erfüllen, wenn wir seiner Raserei und seiner Gewalttätigkeit aus dem Weg gehen. Längst hätte es sich gehört, dich, Catilina, auf Befehl des Konsuls[8] zum Tode abführen zu lassen, so dass dieses Verderben, das du schon lange gegen uns im Schilde führst, auf dich zurückfällt. (3) Hat doch der hochangesehene Oberpriester Publius Scipio[9] den Tiberius Gracchus, der die Verfassung des Gemeinwesens nur mäßig erschütterte[10], getötet, ohne Amtsgewalt zu besitzen! Wir aber sollen als Konsuln den Catilina ertragen, der doch den Erdkreis mit Mord und Feuerbränden verwüsten will?

Nam illa nimis antiqua praetereo, quod C. Servilius Ahala Sp. Maelium novis rebus studentem manu sua occidit. Fuit, fuit ista quondam in hac re publica virtus, ut viri fortes acrioribus suppliciis civem perniciosum quam acerbissimum hostem coercerent. Habemus* senatus consultum in te, Catilina, vehemens et grave; non deest rei publicae consilium neque auctoritas huius ordinis; nos, nos, dico aperte, consules desumus! **2** (4) Decrevit quondam senatus, uti L. Opimius consul videret, ne quid res publica detrimenti caperet: nox nulla intercessit – interfectus est propter quasdam seditionum suspiciones C. Gracchus, clarissimo patre, avo, maioribus; occisus est cum liberis M. Fulvius consularis. Simili senatus consulto C. Mario et L. Valerio consulibus est permissa res publica: num unum diem postea L. Saturninum tribunum plebis et C. Servilium praetorem mors ac rei publicae poena remorata est?

At vero nos vicesimum iam diem patimur hebescere aciem horum auctoritatis. Habemus enim eiusmodi senatus consultum, verumtamen inclusum in tabulis tamquam in vagîna reconditum: quo ex senatus consulto confestim te interfectum esse, Catilina, convenit. Vivis, et vivis non ad deponendam, sed ad confirmandam audaciam. Cupio, patres conscripti, me esse clementem; cupio in tantis rei publicae periculis me non dissolutum videri, sed iam me ipse inertiae nequitiaeque condemno. (5) Castra sunt in Italia contra populum Romanum in

* *Habemus* α (und die Herausgeber einschließlich Dyck): *habemus enim* βγ (M.).

Denn allzu alte Dinge übergehe ich ⟨hier⟩: dass ⟨z. B.⟩ Gaius Servilius Ahala den Spurius Maelius, der auf Umsturz sann, mit eigener Hand getötet hat[11]. Es gab, ja, es gab einst solche Bürgertugend in diesem Staat, dass tapfere Männer einen Verderben bringenden Mitbürger mit härteren Strafen züchtigten als den erbittertsten Feind. Wir haben einen Senatsbeschluss gegen dich, Catilina, einen scharfen und schwerwiegenden. Die Entschlossenheit und Vollmacht dieses Senats lässt das Gemeinwesen nicht allein, nur – ich sage es frei heraus – nur wir Konsuln lassen es im Stich. **2** (4) Einst[12] beschloss der Senat, der Consul Lucius Opimius möge zusehen, dass der Staat keinen Schaden nehme. Keine Nacht verging, und getötet wurde wegen eines gewissen Verdachts staatsfeindlicher Umtriebe Gaius Gracchus[13], so hochberühmt sein Vater, sein Großvater, seine Ahnen auch waren. Getötet wurde damals auch der Consular Marcus Fulvius samt seinen Söhnen[14]. Auf Grund eines ähnlichen Senatsbeschlusses wurde das Staatswohl den Konsuln Gaius Marius und Lucius Valerius anbefohlen: Hat danach etwa der Tod, die vom Gemeinwesen verhängte Strafe, den Tribun Lucius Saturninus und den Prätor Gaius Servilius auch nur einen Tag auf sich warten lassen?[15]

Wir aber dulden jetzt schon den zwanzigsten Tag[16], dass die scharfe Klinge der maßgeblichen Weisung dieser Senatoren hier stumpf wird? Denn wir haben zwar einen derartigen Senatsbeschluss, aber verschlossen bei den Akten, wie ein Schwert, das in der Scheide versteckt ist. Auf Grund dieses Senatsbeschlusses hättest du sogleich getötet werden müssen. Aber du lebst – und lebst nicht etwa, um deine Dreistigkeit abzulegen, sondern, um sie zu festigen. Ich hege den Wunsch, Senatoren[17], milde zu sein; ich begehre aber auch, in dieser so großen Gefahr für den Staat nicht fahrlässig zu erscheinen; vielmehr muss ich mich schon selbst der Untätigkeit und Leichtfertigkeit bezichtigen. (5) In Italien, an den Pässen Etru-

Etruriae faucibus conlocata, crescit in dies singulos hostium numerus, eorum autem castrorum imperatorem ducemque hostium intra moenia atque adeo in senatu videtis* intestinam aliquam cotidie perniciem rei publicae molientem. Si te iam, Catilina, comprehendi, si interfici iussero, credo, erit verendum mihi, ne non potius hoc omnes boni serius a me quam quisquam crudelius factum esse dicat. Verum ego hoc, quod iam pridem factum esse oportuit, certa de causa nondum adducor ut faciam. Tum denique interficiere, cum iam nemo tam improbus, tam perditus, tam tui similis inveniri poterit, qui id non iure factum esse fateatur. (6) Quamdiu quisquam erit, qui te defendere audeat, vives, et vives ita, ut nunc** vivis, multis meis et firmis praesidiis obsessus, ne commovere te contra rem publicam possis. Multorum te etiam oculi et aures, non sentientem, sicut adhuc fecerunt, speculabuntur atque custodient.

**3** Etenim quid est, Catilina, quod iam amplius exspectes, si neque nox tenebris obscurare coetus nefarios nec privata domus parietibus continere voces coniurationis potest, si inlustrantur, si erumpunt omnia? Muta iam istam mentem, mihi crede, obliviscere caedis atque incendiorum. Teneris undique; luce sunt clariora nobis tua consilia omnia, quae iam mecum licet recognoscas. (7) Meministine me ante diem XII Kalendas Novembrîs dicere in senatu fore in armis certo die, qui dies futurus esset ante diem VI Kal. Novembrîs, C. Manlium, audaciae satellitem atque administrum tuae? Num me fefellit, Catilina, non modo res tanta, tam atrox tamque incredibilis, verum,

* *Videtis* α (und die Herausgeber einschließlich M.): *-mus* Dyck.
** *Nunc* α (und die Herausgeber einschließlich M.): Dyck lässt *nunc* aus (mit β und γ).

riens,[18] ist ein Feldlager gegen das römische Volk aufgeschlagen. Von Tag zu Tag nimmt die Zahl der Feinde zu; aber den Befehlshaber jenes Lagers, den Anführer der Feinde, seht ihr innerhalb der Stadtmauern, ja sogar im Senat Tag für Tag von innen her gegen das Gemeinwesen etwas Unheilvolles ins Werk setzen. Lasse ich dich, Catilina, jetzt festnehmen, jetzt hinrichten, so glaube ich bereits befürchten zu müssen, dass eher alle Guten sagen, ich hätte zu spät, als dass auch nur einer behauptet, ich hätte zu grausam gehandelt.[19] Ich aber lasse mich noch nicht herbei, das zu tun, was schon längst hätte geschehen sollen – und das aus einem ganz bestimmten Grunde. Erst dann wirst du getötet, wenn keiner mehr zu finden ist, der so ruchlos, so verworfen, so sehr deinesgleichen wäre, dass er nicht zugeben müsste, dies sei zu Recht geschehen. (6) Solange es überhaupt einen[20] gibt, der dich zu verteidigen wagt, wirst du leben, und zwar so wie du jetzt lebst: von meinen zahlreichen zuverlässigen Wachen umlagert, so dass du gegen den Staat keine Hand rühren kannst. Auch werden dich vieler Männer Augen und Ohren – so wie bisher – bespitzeln und überwachen, ohne dass du es merkst.

3 Was könntest du denn, Catilina, noch weiter erwarten, wenn weder die Nacht die verbrecherischen Zusammenkünfte in Dunkel hüllen noch ein Privathaus die Stimmen der Verschwörung in seinen Wänden einschließen kann, wenn alles an den Tag kommt, alles nach außen dringt? Ändere jetzt deinen Sinn – höre auf mich –, vergiss das Morden und Brennen. Von allen Seiten hat man dich im Griff, sonnenklar sind uns all deine Pläne, so dass du sie nunmehr zusammen mit mir durchmustern magst. (7) Erinnerst du dich daran, wie ich am 21. Oktober im Senat sagte, an einem bestimmten Tag, nämlich am 27. Oktober, werde Gaius Manlius, der Spießgeselle und Helfershelfer deiner Verwegenheit, unter Waffen stehen? Habe ich mich etwa, Catilina, über diesen so schwerwiegenden, so

id quod multo magis est admirandum, dies? Dixi ego îdem in senatu caedem te optimatium contulisse in ante diem V Kalendas Novembrîs, tum cum multi principes civitatis Roma non tam sui conservandi quam tuorum consiliorum reprimendorum causa profugerunt. Num infitiari potes te illo ipso die meis praesidiis, mea diligentia circumclusum commovere te contra rem publicam non potuisse, cum tu discessu ceterorum nostra tamen, qui remansissemus, caede contentum te esse dicebas? (8) Quid? Cum te Praeneste Kalendis ipsis Novembribus occupaturum nocturno impetu esse confideres, sensistin* illam coloniam meo iussu meis praesidiis, custodiis, vigiliis esse munitam? Nihil agis, nihil moliris, nihil cogitas, quod non ego non modo audiam, sed etiam videam planeque sentiam.

**4** Recognosce mecum tandem noctem illam superiorem: iam intelleges multo me vigilare acrius ad salutem quam te ad perniciem rei publicae. Dico te priore nocte venisse inter Falcarios – non agam obscure – in M. Laecae domum; convenisse eodem complurîs eiusdem amentiae scelerisque socios. Num negare audes? Quid taces? Convincam, si negas. Video enim esse hic in senatu quosdam, qui tecum una fuerunt. (9) O di immortales! Ubinam gentium sumus? Quam rem publicam habemus? In qua urbe vivimus? Hic, hic sunt nostro in numero, patres conscripti, in hoc orbis terrae sanctissimo gravissi-

* *Sensistin α* (Clark, Fuhrmann): *-ne* βγ Dyck.

ungeheuerlichen und unglaublichen Sachverhalt geirrt, und – was noch viel erstaunlicher ist – über den Termin? Ebenso erklärte ich im Senat, du habest die Ermordung der Optimaten auf den 28. Oktober anberaumt – damals, als viele führende Männer unserer Bürgerschaft aus Rom flüchteten, weniger um sich selbst zu retten als vielmehr um deine Pläne zu vereiteln. Kannst du etwa leugnen, dass du genau an jenem Tag, von meinen Mannschaften, von meiner Umsicht eingekreist, keinen einzigen Schritt gegen das Gemeinwesen unternehmen konntest, wo du doch behauptetest, dich nach dem Weggang der Übrigen mit der Ermordung von uns Zurückgebliebenen zufrieden zu geben? (8) Wie? Als du darauf vertrautest, genau am 1. November in einem nächtlichen Handstreich Praeneste[21] zu besetzen, hast du da nicht bemerkt, dass jene Kolonie auf meinen Befehl mit Truppen, Schutz- und Wachleuten gesichert war? Nichts kannst du tun, nichts ins Werk setzen, nichts auch nur denken, ohne dass ich es nicht nur höre, sondern auch sehe und deutlich wahrnehme.

4 Geh schließlich mit mir in Gedanken jene vorletzte Nacht durch: Da wirst du sogleich einsehen, dass ich mit viel schärferer Wachsamkeit darauf bedacht bin, den Staat zu retten, als du, ihn zu Grunde zu richten. Ich stelle fest, dass du in der vorletzten Nacht in der Sichelmachergasse – ich will mich ja nicht unklar ausdrücken – in das Haus des Marcus Laeca gekommen bist; dass dort außerdem mehrere Genossen des gleichen wahnwitzigen Verbrechens zusammenkamen, wagst du das etwa zu leugnen? Was schweigst du? Ich werde dich überführen, wenn du es bestreitest. Ich sehe nämlich hier im Senat einige, die mit dir ⟨dort⟩ zusammen gewesen sind. (9) O ihr unsterblichen Götter! Bei welchem Volk in aller Welt befinden wir uns? Was haben wir für einen Staat? In welcher Stadt leben wir? Hier, hier, mitten unter uns, ihr Senatoren, in dieser ehrwüdigsten und angesehensten Ratsversammlung der Welt

moque consilio, qui de nostro omnium interitu, qui de huius urbis atque adeo de orbis terrarum exitio cogitent. Hos ego video consul et de re publica sententiam rogo et, quos ferro trucidari oportebat, eos nondum voce volnero! Fuisti igitur apud Laecam illa nocte, Catilina, distribuisti partîs Italiae, statuisti quo quemque proficisci placeret, delegisti quos Romae relinqueres, quos tecum educeres, discripsisti urbis partîs ad incendia, confirmasti te ipsum iam esse exiturum, dixisti paulum tibi esse etiam nunc morae, quod ego viverem. Reperti sunt duo equites Romani, qui te ista cura liberarent et se illa ipsa nocte paulo ante lucem me in meo lecto* interfecturos esse pollicerentur. (10) Haec ego omnia vixdum etiam coetu vestro dimisso comperi; domum meam maioribus praesidiis munivi atque firmavi, exclusi eos, quos tu ad me salutatum mane miseras, cum illi ipsi venissent, quos ego iam multis ac summis viris ad me id temporis venturos esse praedixeram.

5 Quae cum ita sint, Catilina, perge quo coepisti: egredere aliquando ex urbe! Patent portae; proficiscere! Nimium diu te imperatorem tua illa Manliana castra desiderant. Educ tecum etiam omnîs tuos, si minus, quam plurimos; purga urbem! Magno me metu liberabis, modo inter me atque te murus intersit. Nobiscum versari iam diutius non potes; non feram, non patiar, non sinam. (11) Magna dis immortalibus habenda est atque huic ipsi Iovi Statori, antiquissimo custodi huius urbis, gratia, quod hanc tam taetram, tam horribilem tamque in-

* *Lecto* AVt alle übrigen genannten Herausgeber: *lectulo* aβγ Dyck.

gibt es Männer, die auf unser aller Verderben sinnen, auf die Vernichtung dieser Stadt, ja des ganzen Erdkreises! Diese Leute sehe ich, der Konsul, vor mir, befrage sie nach ihrer Willensmeinung über das Wohl des Staates; sie, die man mit dem Schwert niedermachen müsste, verletze ich nicht einmal mit Worten. Du bist also, Catilina, in jener Nacht bei Laeca gewesen, verteiltest die Gebiete Italiens, bestimmtest, wohin jeder aufbrechen sollte, wähltest aus, welche Leute du in Rom zurücklassen und welche du mitnehmen wolltest; vergabst die einzelnen Stadtteile zur Brandstiftung, versichertest, du selbst würdest Rom verlassen, und erklärtest, dich halte nur noch *eines* ein wenig auf: dass ich am Leben sei. Es fanden sich zwei römische Ritter,[22] um dich von dieser Sorge zu befreien: Sie versprachen, mich kurz vor Tagesanbruch in meinem Bett zu töten. (10) All dies erfuhr ich gleich, nachdem sich eure Versammlung aufgelöst hatte; ich schützte und schirmte mein Haus durch stärkere Wachen und ließ die Herren nicht ein, die du mir zur morgendlichen Begrüßung[23] geschickt hattest; denn es waren eben dieselben gekommen, deren Eintreffen um diese Zeit ich vielen Männern von Rang schon vorausgesagt hatte.

5 Da es so steht, Catilina, geh weiter auf dem Weg, den du eingeschlagen hast, verlasse endlich die Stadt! Die Tore stehen offen: Brich auf! Allzu lange vermisst dich, seinen Feldherrn, schon dein Lager bei Manlius. Nimm auch all deine Anhänger mit hinaus, oder wenigstens so viele wie möglich; säubere die Stadt! Von großer Furcht befreist du mich, wenn erst einmal eine Mauer zwischen mir und dir liegt. Unter uns kannst du nicht länger weilen; ich werde es nicht ertragen, nicht dulden, nicht zulassen. (11) Großer Dank gebührt den unsterblichen Göttern, besonders dem Iuppiter Stator[24] hier, dem altehrwürdigen Hüter dieser Stadt, dafür, dass wir dieser so abscheulichen, so entsetzlichen und für den Staat so gefährlichen Pest

festam rei publicae pestem totiens iam effugimus. Non est saepius in uno homine summa salus periclitanda rei publicae. Quam diu mihi consuli designato, Catilina, insidiatus es, non publico me praesidio, sed privata diligentia defendi. Cum proximis comitiis consularibus me consulem in campo et competitores tuos interficere voluisti, compressi conatus tuos nefarios amicorum praesidio et copiis nullo tumultu publice concitato; denique, quotienscumque me petisti, per me tibi obstiti, quamquam videbam perniciem meam cum magna calamitate rei publicae esse coniunctam. (12) Nunc iam aperte rem publicam universam petis, templa deorum immortalium, tecta urbis, vitam omnium civium, Italiam denique totam ad exitium et vastitatem vocas. Quare, quoniam id, quod est primum et quod huius imperî disciplinaeque maiorum proprium est, facere nondum audeo, faciam id quod est ad severitatem lenius, ad communem salutem utilius. Nam si te interfici iussero, residebit in re publica reliqua coniuratorum manus; sin tu, quod te iam dudum hortor, exieris, exhaurietur ex urbe tuorum comitum magna et perniciosa sentina rei publicae. (13) Quid est, Catilina? Num dubitas id me imperante facere, quod iam tua sponte faciebas? Exire ex urbe iubet consul hostem. Interrogas me, num in exsilium? Non iubeo, sed, si me consulis, suadeo.

**6** Quid est enim, Catilina, quod te iam in hac urbe delectare possit? In qua nemo est extra istam coniurationem perditorum hominum, qui te non metuat, nemo, qui non oderit. Quae nota domesticae turpitudinis non inusta vitae tuae est? Quod privatarum rerum dedecus non haeret in fama? Quae

schon so oft entronnen sind. Man darf das gesamte Wohl des Staates nicht noch öfter durch einen Einzelnen aufs Spiel setzen lassen. Solange du mir als designiertem Konsul nachstelltest, Catilina, habe ich mich nicht mit staatlichen Wachen, sondern durch meine persönliche Vorsicht geschützt. Als du bei den letzten Konsulwahlen mich, den Konsul, und deine Mitbewerber[25] auf dem Marsfeld ermorden wolltest, habe ich deine verbrecherischen Anschläge mit einer Wachmannschaft von Freunden vereitelt, ohne in der Öffentlichkeit Unruhe zu erregen. Kurz, sooft du mich angegriffen hast, widerstand ich dir aus eigener Kraft, obwohl ich sah, dass mein Untergang mit großem Unheil für die Republik verbunden sein würde. (12) Jetzt aber greifst du schon offen den Staat insgesamt an. Die Tempel der unsterblichen Götter, die Häuser der Stadt, das Leben aller Bürger, ja ganz Italien setzt du dem Verderben und der Verwüstung aus. Da ich noch nicht wage, das Nächstliegende zu tun, das meiner Amtsgewalt und dem Brauch der Vorfahren entspricht, will ich tun, was weniger streng und dem Gemeinwohl dienlicher ist. Denn wenn ich dich töten lasse, wird die restliche Schar der Verschwörer im Staat zurückbleiben, wenn du aber hinausgehst (wozu ich dich schon lange auffordere), werden ⟨auch⟩ deine Genossen, der große, verderbliche Abschaum des Gemeinwesens, abziehen. (13) Was nun, Catilina? Trägst du etwa Bedenken, das auf meinen Befehl zu tun, was du ohnehin schon freiwillig tun wolltest? Der Konsul befiehlt dem Staatsfeind, die Stadt zu verlassen. Du fragst: Etwa gar in die Verbannung? Das befehle ich nicht, aber, wenn du mich schon fragst: Ich rate es dir.

**6** Denn was könnte dich, Catilina, in dieser Stadt noch erfreuen? Außer diesem Haufen verworfener Verschwörer gibt es hier ja keinen, der dich nicht fürchtet, der dich nicht hasst. Mit welchem Brandmal der Schande ist dein Privatleben nicht gezeichnet? Welcher Schimpf intimen Umgangs haftet dei-

libîdo ab oculis, quod facinus a manibus umquam tuis, quod flagitium a toto corpore afuit? Cui tu adulescentulo, quem corruptelarum illecebris inretisses, non aut ad audaciam ferrum aut ad libidinem facem praetulisti? (14) Quid vero? Nuper cum morte superioris uxoris novis nuptiis domum* vacuefecisses, nonne etiam alio incredibili scelere hoc scelus cumulavisti?** Quod ego praetermitto et facile patior sileri, ne in hac civitate tanti facinoris immanitas aut exstitisse aut non vindicata esse videatur. Praetermitto ruinas fortunarum tuarum, quas omnîs proximis Idibus impendere tibi senties: ad illa venio, quae non ad privatam ignominiam vitiorum tuorum, non ad domesticam tuam difficultatem ac turpitudinem, sed ad summam rem publicam atque ad omnium nostrum vitam salutemque pertinent.

(15) Potestne tibi haec lux, Catilina, aut huius caeli spiritus esse iucundus, cum scias esse horum neminem, qui nesciat te pridie Kalendas Ianuarias Lepido et Tullo consulibus stetisse in comitio cum telo, manum consulum et principum civitatis interficiendorum causa paravisse, sceleri ac furori tuo non mentem aliquam aut timorem tuum, sed Fortunam populi Romani obstitisse? Ac iam illa omitto – neque enim sunt aut obscura aut non multa commissa postea – quotiens tu me designatum, quotiens vero consulem interficere conatus es! Quot ego tuas

* *Domum* Papyrus B, βγ und Sall. *Cat.* 15,2 (*vacuam domum scelestis nuptiis fecisse*) (mit Recht in den Text aufgenommen von M. und Dyck): *locum* α.

** *Cumulavisti* Wuest (evidente Verbesserung des Rhythmus, aufgenommen von Clark, Fuhrmann, Klose): *cumulasti* (die Überlieferung, trotz der heroischen Klausel akzeptiert von M. und Dyck).

nem Ruf nicht an? Welche Zuchtlosigkeit ist deinen Augen, welche Untat deinen Händen, welcher Frevel deinem Körper jemals ferngeblieben? Welchem Halbwüchsigen, den du mit deinen Verführungskünsten umgarntest, trugst du nicht zu dreistem Mord den Stahl oder zu loser Lust die Fackel voraus?[26] (14) Wie denn? Als du vor Kurzem durch den Tod deiner bisherigen Gattin dein Haus für eine neue Heirat freimachtest, hast du da nicht dieses Verbrechen durch ein anderes unglaubliches Verbrechen gekrönt?[27] Das lasse ich hier aus und nehme es nicht schwer, dass man darüber schweigt, damit es nicht so aussieht, als habe es in diesem Staat ein so ungeheuerliches Verbrechen gegeben oder als sei es ungestraft geblieben. Ich gehe auch nicht auf den Zusammenbruch deiner Vermögensverhältnisse ein – an den nächsten Iden[28] wirst du zu spüren bekommen, dass er dir im vollen Umfang bevorsteht. Ich komme zu den Punkten, die sich nicht auf die persönliche Schmach beziehen, die dir deine Laster einbringen, nicht auf deine privaten Schwierigkeiten und Schandtaten, sondern auf das Gesamtwohl des Staates und auf unser aller Leib und Leben.

(15) Kann dir, Catilina, dieses Tageslicht, das Atmen dieser Himmelsluft noch angenehm sein, wo du doch weißt, dass keiner der hier Anwesenden in Unwissenheit darüber ist, dass du unter dem Konsulat des Lepidus und Tullus[29] am Tag vor dem 1. Januar bewaffnet auf dem Comitium[30] standest, dass du eine Bande in Bereitschaft hieltest, um die Konsuln und die führenden Männer im Staate zu töten, dass deinem wahnwitzigen Verbrechen nicht irgendeine Anwandlung von Vernunft oder Furcht deinerseits, sondern nur die Glücksgöttin des römischen Volkes widerstand?[31] Und schon lasse ich all das beiseite – denn es ist nicht unbekannt, und du hast auch später nicht wenig verbrochen –: Wie oft hast du mich als designierten, wie oft als amtierenden Konsul töten wollen! Wie vielen deiner Anschläge, die so verübt wurden, dass es kein Entrin-

petitiones ita coniectas, ut vitari posse non viderentur, parva quadam declinatione et, ut aiunt, corpore effugi! Nihil agis, nihil adsequeris, neque tamen conari ac velle desistis. (16) Quotiens iam tibi extorta est ista sica de manibus, quotiens vero excidit casu aliquo et elapsa est! [Tamen ea carere diutius non potes.]* Quae quidem quibus abs te initiata sacris ac devota sit, nescio, quod eam necesse putas esse in consulis corpore defigere.

7 Nunc vero quae tua est ista vita? Sic enim iam tecum loquar, non ut odio permotus esse videar, quo debeo, sed ut misericordia, quae tibi nulla debetur. Venisti paulo ante in senatum. Quis te ex hac tanta frequentia, tot ex tuis amicis ac necessariis salutavit? Si hoc post hominum memoriam contigit nemini, vocis exspectas contumeliam, cum sis gravissimo iudicio taciturnitatis oppressus? Quid, quod adventu tuo ista subsellia vacuefacta sunt, quod omnes consulares, qui tibi persaepe ad caedem constituti fuerunt, simul atque adsedisti, partem istam subselliorum nudam atque inanem reliquerunt, quo tandem animo tibi ferendum putas? (17) Servi mehercule mei si me isto pacto metuerent, ut te metuunt omnes cives tui, domum meam relinquendam putarem: tu tibi urbem non arbitraris? Et si me meis civibus iniuria suspectum tam graviter atque offensum viderem, carere me aspectu civium quam infestis omnium oculis conspici mallem: tu, cum conscientia scelerum tuorum agnoscas odium omnium iustum et iam diu

* Dieser Satz ist aus § 24 hierher eingedrungen und daher von den meisten Herausgebern (im Anschluss an Heumann) getilgt worden; M. und Dyck nehmen ihn wieder auf.

nen zu geben schien, bin ich nur durch eine kleine Seitwärtsbewegung des Körpers[32], wie man sagt, um Haaresbreite entronnen! Du richtest nichts aus, bringst nichts zuwege, und doch versuchst und erstrebst du es unablässig. (16) Wie oft hat man diesen Dolch deinen Händen entwunden, wie oft ist er ihnen gar durch irgendeinen Zufall entglitten und fiel zu Boden! [Trotzdem kannst du ihn nicht länger entbehren.] Ich weiß nicht, mit welchen geheimen Riten du diesen Dolch geweiht und verhext hast – im Glauben, es sei notwendig, ihn in den Leib des Konsuls zu stoßen.

7 Was ist das nun aber für ein Leben, das du führst? Jetzt will ich nämlich so mit dir reden, dass ich nicht von dem Hass erfüllt erscheine, den du verdienst, sondern von Mitleid, das du keineswegs verdienst. Vorhin bist du in den Senat gekommen. Wer aus dieser so gut besuchten Versammlung, wer von deinen so zahlreichen Freunden und Vertrauten hat dich begrüßt? Wenn dies seit Menschengedenken keinem widerfahren ist, wartest du da noch auf eine ausdrückliche Schmähung, wo dich doch das Stillschweigen – als das vernichtendste Urteil – niedergeschmettert hat? Wie denn? Dass bei deiner Ankunft diese Bänke in deiner Nähe geräumt wurden, dass, sobald du Platz genommen hattest, alle ehemaligen Konsuln, die du schon oft zur Ermordung bestimmt hattest, diesen Teil der Bänke leer und unbesetzt ließen, – mit welchem Gefühl glaubst du denn dies hinnehmen zu müssen? (17) Beim Hercules! Sollten mich meine Sklaven so fürchten, wie dich alle deine Mitbürger fürchten, würde ich glauben, ich müsse mein Haus verlassen – du aber bist nicht gesonnen, diese Stadt zu verlassen? Und wenn ich mich von meinen Mitbürgern zu Unrecht so schwer verdächtigt und gekränkt sähe, wollte ich lieber auf den Anblick der Bürger verzichten als mich von den Augen aller feindselig anblicken lassen; du aber erkennst zwar im Bewusstsein deiner Freveltaten, dass der Hass aller gerecht

tibi debitum, dubitas, quorum mentîs sensusque volneras, eorum aspectum praesentiamque vitare? Si te parentes timerent atque odissent tui neque eos ratione ulla placare posses, ut opinor, ab eorum oculis aliquo concederes. Nunc te patria, quae communis est parens omnium nostrum, odit ac metuit et iam diu nihil te iudicat nisi de parricidio suo cogitare: huius tu neque auctoritatem verebere nec iudicium sequere nec vim pertimesces? (18) Quae tecum, Catilina, sic agit et quodammodo tacita loquitur: »Nullum iam aliquot annis facinus exstitit nisi per te, nullum flagitium sine te; tibi uni multorum civium neces, tibi vexatio direptioque sociorum impunita fuit ac libera; tu non solum ad neglegendas leges et quaestiones, verum etiam ad evertendas perfringendasque valuisti. Superiora illa, quamquam ferenda non fuerunt, tamen, ut potui, tuli; nunc vero me totam esse in metu propter unum te, quicquid increpuerit, Catilinam timeri, nullum videri contra me consilium iniri posse, quod a tuo scelere abhorreat, non est ferendum. Quam ob rem discede atque hunc mihi timorem eripe; si est verus, ne opprimar, sin falsus, ut tandem aliquando timere desinam.«

**8** (19) Haec si tecum, ut dixi, patria loquatur, nonne impetrare debeat, etiam si vim adhibere non possit? Quid quod tu te* in custodiam dedisti, quod vitandae suspicionis causa ad M'.

* *Te* α (und die meisten Herausgeber, auch M.): *tu te ipse* βγ Dyck.

ist und dass du ihn schon lange verdienst – und trägst dennoch Bedenken, den Anblick und die Gegenwart derer zu meiden, deren Gesinnung und Empfinden du verletzt? Würden dich deine Eltern fürchten und hassen und könntest du sie in keiner Weise versöhnen, dann würdest du doch, wie ich annehme, irgendwohin ausweichen, wo du ihren Blicken entzogen wärest. Nun aber hasst und fürchtet dich das Vaterland, das uns alle insgemein hervorgebracht hat, und ist schon lange überzeugt, dass du nichts anderes im Sinne hast, als es durch Hochverrat zu vernichten. Du aber willst weder seine Willensmeinung achten, noch dich seinem Urteil fügen, noch seine Amtsgewalt fürchten? (18) An dich, Catilina, wendet sich das Vaterland folgendermaßen und redet sozusagen schweigend mit dir: »Schon seit einigen Jahren hat es kein Verbrechen gegeben, außer durch dich, keinen Frevel ohne dich. Du allein konntest ungestraft und in voller Freiheit viele Bürger ermorden, viele Bundesgenossen misshandeln und ausplündern; du allein hast es fertiggebracht, Gesetze und gerichtliche Untersuchungen nicht nur zu missachten, sondern sie auch umzustürzen und zu zerschlagen.[33] Jene früheren Fälle, unerträglich wie sie waren, habe ich trotzdem, so gut ich konnte, ertragen. Dass ich aber jetzt ganz und gar in Furcht lebe – und das allein deinetwegen –, dass man, sooft es Lärm gibt, Catilina fürchten muss, dass offenbar kein Anschlag gegen mich geschmiedet werden kann, der mit deinem Frevelmut nichts zu tun hätte, das darf man nicht dulden. Darum weiche von hinnen und nimm mir diese Furcht, damit ich, falls sie berechtigt ist, nicht untergehe und, falls sie unbegründet ist, mich endlich einmal nicht mehr ängstigen muss.«

**8** (19) Redete das Vaterland so mit dir, wie ich gesagt habe, – müsste es das Gewünschte dann nicht durch Bitten erreichen, auch wenn es keine Gewalt anwenden könnte? Was soll ich dazu sagen, dass du dich zur freien Haft[34] angeboten hast, dass

Lepidum te habitare velle dixisti? A quo non receptus etiam ad me venire ausus es atque ut domi meae te adservarem rogasti. Cum a me quoque id responsum tulisses me nullo modo posse îsdem parietibus tuto esse tecum, qui magno in periculo essem, quod îsdem moenibus contineremur, ad Q. Metellum praetorem venisti. A quo repudiatus ad sodalem tuum, virum optimum, M. Metellum demigrasti, quem tu videlicet et ad custodiendum te diligentissimum et ad suspicandum sagacissimum et ad vindicandum fortissimum fore putasti. Sed quam longe videtur a carcere atque a vinculis abesse debere, qui se ipse iam dignum custodia iudicarit?

(20) Quae cum ita sint, Catilina, dubitas, si emori aequo animo non potes, abire in aliquas terras et vitam istam multis suppliciis iustis debitisque ereptam fugae solitudinique mandare? »Refer«, inquis, »ad senatum«; id enim postulat et, si hic ordo placere sibi decreverit te ire in exsilium, obtemperaturum te esse dicis. Non referam, id quod abhorret a meis moribus, et tamen faciam, ut intellegas, quid hi de te sentiant. Egredere ex urbe, Catilina, libera rem publicam metu, in exsilium, si hanc vocem exspectas, proficiscere. Quid est? Ecquid attendis, ecquid animadvertis horum silentium? Patiuntur, tacent. Quid exspectas auctoritatem loquentium, quorum voluntatem tacitorum perspicis? (21) At si hoc idem huic adulescenti optimo P. Sestio, si fortisssimo viro M. Marcello dixissem, iam mihi con-

du, um Verdacht zu vermeiden, erklärtest, du wollest bei Manius Lepidus[35] wohnen? Als er dich nicht aufnahm, wagtest du sogar zu mir zu kommen und batest darum, ich möge dich in meinem Hause bewachen. Nachdem du auch von mir die gleiche Antwort bekommen hattest, ich könne in keiner Weise meines Lebens sicher sein, wenn ich mit dir in denselben vier Wänden weile, wo ich doch schon in großer Gefahr schwebe, wenn wir uns innerhalb derselben Stadtmauern befinden, kamst du zu dem Prätor Quintus Metellus.[36] Von diesem zurückgewiesen, zogst du zu deinem Gefährten, dem vortrefflichen Marcus Metellus,[37] dem du offenbar besondere Sorgfalt zutrautest, um dich zu bewachen, besonderen Scharfsinn, um Verdacht zu schöpfen, und besondere Tatkraft, um dich zu bestrafen. Aber wie weit scheint mir der von Kerker und Fesseln entfernt sein zu müssen, der schon nach seiner eigenen Einschätzung Bewachung verdient? (20) Unter diesen Umständen, Catilina, trägst du noch Bedenken, wenn du schon nicht imstande bist, mit Gleichmut zu sterben, in irgendein Land zu gehen und dieses dein Leben, das du vielen gerechten und verdienten Strafen entzogen hast, der Verbannung und der Einsamkeit zu widmen? »Beantrage es«, so sagst du, »beim Senat!« Dies nämlich forderst du und erklärst, du werdest gehorchen, wenn dieses hohe Haus beschließt, du sollest in die Verbannung gehen. Ich werde es nicht beantragen – das wäre meiner Gesinnung fremd – und dennoch bewirken, dass du verstehst, was die hier Anwesenden von dir halten. Verlasse die Stadt, Catilina, befreie das Gemeinwesen von Furcht, mache dich auf ins Exil, wenn du dieses Wort erwartest! Wie denn? Bemerkst du das Schweigen dieser Männer, nimmst du es überhaupt wahr? Sie lassen es gelten, sie schweigen. Was wartest du auf eine ausdrückliche Weisung, wo du doch ihren Willen an ihrem Schweigen erkennst? (21) Hätte ich ebendies zu Publius Sestius,[38] diesem vortrefflichen jungen Mann, oder

suli hoc ipso in templo senatus iure optimo vim et manus intulisset. De te autem, Catilina, cum quiescunt, probant, cum patiuntur, decernunt, cum tacent, clamant, neque hi solum, quorum tibi auctoritas est videlicet cara, vita vilissima, sed etiam illi equites Romani, honestissimi atque optimi viri, ceterique fortissimi cives, qui circumstant senatum, quorum tu et frequentiam videre et studia perspicere et voces paulo ante exaudire potuisti. Quorum ego vix abs te iam diu manus ac tela contineo, eosdem facile adducam, ut te haec, quae vastare iam pridem studes, relinquentem usque ad portas prosequantur.

**9** (22) Quamquam quid loquor? Te ut ulla res frangat, tu ut umquam te corrigas*, tu ut ullam fugam meditere, tu ut ullum exsilium cogites? Utinam tibi istam mentem di immortales duint! Tametsi video, si mea voce perterritus ire in exsilium animum induxeris, quanta tempestas invidiae nobis, si minus in praesens tempus recenti memoria scelerum tuorum, at in posteritatem impendeat. Sed est tanti, dum modo [tua]** ista sit privata calamitas et a rei publicae periculis seiungatur. Sed tu ut vitiis tuis commoveare, ut legum poenas pertimescas, ut temporibus rei publicae cedas, non est postulandum. Neque enim is es, Catilina, ut te aut pudor a turpitudine aut metus a

* *Corrigas* αβγ: *conligas* (*colligas*) mit einzelnen Hss. M. und Dyck (vgl. *se colligere = dissipatas animi partes rursum in suum locum cogere:* Cic. *Tusc.* 4,78).

** *Tua* wurde schon seit der Renaissance und noch z. B. in den Ausgaben von Orelli und Halm getilgt (Stangl hat es dem Sinn entsprechend durch *mea* ersetzt). Bei Clark und M. steht *tua* im Text. Fuhrmann lässt es in seiner Übersetzung aus (mit Recht), im lateinischen Text seiner zweisprachigen Ausgabe (1998) ist es aber versehentlich stehen geblieben. Will man *tua* halten, so muss man *calamitas* auf das Exil Catilinas beziehen, was aber bei Ciceros Egozentrik weniger naheliegt.

zu dem tapferen Helden Marcus Marcellus[39] gesagt, so hätte der Senat, obwohl ich Konsul bin, hier in diesem Tempel mit vollem Recht mit Gewalt Hand an mich gelegt. Was aber dich betrifft, Catilina, so stimmen sie zu, indem sie schweigen; indem sie es gelten lassen, beschließen sie es; indem sie schweigen, rufen sie laut! Und das gilt nicht nur für die hier Versammelten, deren Willensmeinung dir offenbar viel wert ist, deren Leben dir aber nichts gilt, sondern auch für jene römischen Ritter, höchst ehrenwerte und vortreffliche Männer, und die übrigen so tapferen Bürger, die den Senat schützend umringen, von deren großer Zahl und Einsatzbereitschaft du dich vor Kurzem überzeugen und deren Äußerungen du vernehmen konntest. Ihre Hände, ihre Waffen halte ich schon lange nur mit Mühe von dir zurück; ich werde sie mühelos dazu bringen, dich, wenn du diesen Ort verlässt, den du schon längst zu verwüsten trachtest, bis zu den Stadttoren zu geleiten.

**9** (22) Doch was rede ich? Sollte auch nur irgendetwas deinen Starrsinn brechen? Solltest du dich jemals bessern? Auf Flucht sinnen, an Verbannung denken? Mögen dir die unsterblichen Götter diese Einstellung geben! Indessen sehe ich, wenn du dich, durch meine Stimme eingeschüchtert, entschließt in die Verbannung zu gehen, welch ein gewaltiger Sturm von Anfeindung uns dann bevorsteht – wo nicht für die Gegenwart, da die Erinnerung an deine Freveltaten noch frisch ist, so doch für die Folgezeit. Aber dieser Preis scheint mir nicht zu hoch, sofern dieses Unglück nur mich als Einzelnen trifft und Gefahren für das Gemeinwesen ausgeschlossen sind. Aber dass du über deine Fehler Reue empfindest, die gesetzlichen Strafen fürchtest, auf die ernste Lage des Gemeinwesens Rücksicht nimmst, darf man ja nicht verlangen. Bist du doch, Catilina, nicht der Mann, den Ehrgefühl von einer Schandtat, den Furcht vom Spiel mit der Gefahr, den

periculo aut ratio a furore revocarit. (23) Quam ob rem, ut saepe iam dixi, proficiscere ac, si mihi inimico, ut praedicas, tuo conflare vis invidiam, recta perge in exsilium; vix feram sermones hominum, si id feceris, vix molem istius invidiae, si in exsilium iussu consulis ieris, sustinebo. Sin autem servire meae laudi et gloriae mavis, egredere cum importuna sceleratorum manu, confer te ad Manlium, concita perditos civîs, secerne te a bonis, infer patriae bellum, exsulta impio latrocinio, ut a me non eiectus ad alienos, sed invitatus ad tuos isse videaris.

(24) Quamquam quid ego te invitem, a quo iam sciam esse praemissos, qui tibi ad forum Aurelium praestolarentur armati, a quo sciam pactam et constitutam cum Manlio diem, a quo etiam aquilam illam argenteam, quam tibi ac tuis omnibus confido perniciosam ac funestam futuram, cui domi tuae sacrarium scelerum tuorum* constitutum fuit, sciam esse praemissam? Tu ut illa carere diutius possis, quam venerari ad caedem proficiscens solebas, a cuius altaribus saepe istam impiam dexteram ad necem civium transtulisti?

**10** (25) Ibis tandem aliquando, quo te iam pridem tua ista cupiditas effrenata ac furiosa rapiebat; neque enim tibi haec res adfert dolorem, sed quandam incredibilem voluptatem. Ad hanc te amentiam natura peperit, voluntas exercuit, fortuna servavit. Numquam tu non modo otium, sed ne bellum qui-

* *Sacrarium scelerum tuorum* βγ: *sacrarium* α (so M.).

Vernunft vom Wahnwitz zurückhalten könnte. (23) Daher, wie schon mehrmals gesagt, brich auf! Und wenn du mich, deinen Feind, wie du laut behauptest, allgemein verhasst machen willst, geh geradewegs in die Verbannung! Wenn du dies tust, werde ich kaum das Gerede der Leute ertragen, kaum die Last dieser Anfeindungen verkraften können, wenn du auf Befehl des Konsuls ins Exil gehst. Willst du aber lieber meinem Ruhm, meinem Ansehen einen Dienst erweisen, so geh hinaus aus der Stadt, zusammen mit deiner lästigen Verbrecherschar, begib dich zu Manlius, hetze verkommene Bürger auf, trenne dich von den Gutgesinnten! Führe Krieg gegen das Vaterland, brüste dich mit deinem unheiligen Räuberwesen! Dann liegt es zutage, dass du nicht von mir zu Fremden ausgestoßen, sondern von den Deinen dorthin eingeladen worden bist.

(24) Freilich: Wozu soll ich dich einladen? Weiß ich doch, dass du schon Leute vorausgeschickt hast, die bei Forum Aurelium[40] unter Waffen stehen und auf dich warten. Weiß ich doch, dass du mit Manlius den Termin schon fest abgesprochen hast. Weiß ich doch auch, dass du jenen silbernen Adler[41] vorausgeschickt hast – der dir nach meiner Überzeugung Verhängnis und Verderben bringen wird. Du hast ihm in deinem Hause ein Heiligtum für deine Freveltaten errichtet. Wie könntest du ihn länger entbehren, zu dem du zu beten pflegtest, sooft du dich zu deinen unheiligen Mordtaten aufmachtest, von dessen Altar du deine frevlerische rechte Hand oft zum Mord an Mitbürgern führtest.

**10** (25) Gehen wirst du endlich einmal dorthin, wohin dich diese deine zügellose und rasende Begierde schon längst mit sich fortriss. Denn das bereitet dir keinen Schmerz, sondern ein geradezu unglaubliches Vergnügen; für diesen Wahnwitz hat die Natur dich geschaffen, dein Wille dich ausgebildet, das Schicksal dich am Leben erhalten. Nicht nur hast du nie Frie-

dem nisi nefarium concupisti. Nactus es ex perditis atque ab omni non modo fortuna verum etiam spe derelictis conflatam improborum manum. (26) Hic tu qua laetitia perfruere, quibus gaudiis exsultabis, quanta in voluptate bacchabere, cum in tanto numero tuorum neque audies virum bonum quemquam neque videbis! Ad huius vitae studium meditati illi sunt qui feruntur labores tui, iacere humi non solum ad obsidendum stuprum, verum etiam ad facinus obeundum, vigilare non solum insidiantem somno maritorum, verum etiam bonis otiosorum. Habes ubi ostentes tuam illam praeclaram patientiam famis, frigoris, inopiae rerum omnium, quibus te brevi tempore confectum esse senties. (27) Tantum profeci, cum te a consulatu reppuli, ut exsul potius temptare quam consul vexare rem publicam posses, atque ut id, quod esset a te scelerate susceptum, latrocinium potius quam bellum nominaretur.

**11** Nunc ut a me, patres conscripti, quandam prope iustam patriae querimoniam detester ac deprecer, percipite, quaeso, diligenter, quae dicam, et ea penitus animis vestris mentibusque mandate. Etenim si mecum patria, quae mihi vita mea multo est carior, si cuncta Italia, si omnis res publica loquatur: »M. Tulli, quid agis? Tune eum, quem esse hostem comperisti, quem ducem belli futurum vides, quem exspectari imperatorem in castris hostium sentis, auctorem sceleris, principem

den begehrt, sondern Krieg – und auch da nur einen frevelhaften. Erworben hast du dir eine Gefolgschaft von Verruchten, zusammengeschweißt aus der Schar der Verworfenen, die nicht nur von allem Glück, sondern auch von aller Hoffnung verlassen waren. (26) Welche Freude wirst du hier genießen, mit welchen Glücksgefühlen frohlocken, in welcher Lust schwelgen, wenn du in der so großen Zahl der Deinen keinen einzigen anständigen Menschen zu hören und zu sehen bekommst! Auf das Streben nach einem solchen Dasein sind all deine Mühen, von denen man erzählt, ausgerichtet: das Liegen auf bloßer Erde, nicht nur um auf Unzucht zu lauern, sondern auch um ein Verbrechen zu verüben; das nächtliche Wachen, um nicht allein auf den Schlaf von Ehemännern, sondern auch auf das Eigentum friedlicher Bürger zu lauern. Gelegenheit hast du genug, deine vielgerühmte Fähigkeit zur Schau zu stellen, Hunger, Frost, Entbehrungen aller Art zu ertragen; von alledem wirst du dich in kurzer Zeit am Ende deiner Kräfte fühlen. (27) So viel wenigstens habe ich damals erreicht, als ich dich vom Konsulat[42] vertrieb: dass du jetzt das Gemeinwesen nur als Verbannter herausfordern kannst, statt es als Konsul zu zerrütten, und dass dein so frevelhaftes Unternehmen eher ein Raubzug als ein Feldzug heißen muss.

**11** Um jetzt von mir, ihr Senatoren, eine beinahe berechtigte Klage des Vaterlandes in aller Form abzuweisen, bitte ich euch nun, was ich sage, gewissenhaft aufzunehmen und tief in euren Geist und Sinn zu prägen. Wenn nämlich das Vaterland, das mir weit teurer ist als mein Leben, wenn ganz Italien, wenn das gesamte Gemeinwesen so zu mir spräche: »Marcus Tullius, was tust du? Wirst du etwa dulden, dass der Mann, von dem du in Erfahrung gebracht hast, dass er ein Feind ist, von dem du siehst, dass er der Anführer eines Krieges sein wird, von dem du wahrnimmst, dass man ihn im feindlichen Lager als Feldherrn erwartet, der Anstifter eines

coniurationis, evocatorem servorum et civium perditorum, exire patiere, ut abs te non emissus ex urbe, sed immissus in urbem esse videatur? Nonne hunc in vincla duci, non ad mortem rapi, non summo supplicio mactari imperabis? Quid tandem te impedit? Mosne maiorum? (28) At persaepe etiam privati in hac re publica perniciosos civîs morte multarunt. An leges, quae de civium Romanorum supplicio rogatae sunt? At numquam in hac urbe, qui a re publica defecerunt, civium iura tenuerunt. An invidiam posteritatis times? Praeclaram vero populo Romano refers gratiam, qui te, hominem per te cognitum, nulla commendatione maiorum tam mature ad summum imperium per omnîs honorum gradus extulit, si propter invidiam aut alicuius periculi metum salutem civium tuorum neglegis. (29) Sed si quis est invidiae metus, non est vehementius severitatis ac fortitudinis invidia quam inertiae ac nequitiae pertimescenda. An, cum bello vastabitur Italia, vexabuntur urbes, tecta ardebunt, tum te non existimas invidiae incendio conflagraturum?«

**12** His ego sanctissimis rei publicae vocibus et eorum hominum, qui hoc idem sentiunt, mentibus pauca respondebo. Ego, si hoc optimum factu iudicarem, patres conscripti, Catilinam morte multari, unius usuram horae gladiatori isti ad vivendum non dedissem. Etenim si summi viri et clarissimi cives Saturnini et Gracchorum se et Flacci et superiorum complurium

frevelhaften Unternehmens, das Haupt einer Verschwörung, der Aufwiegler von Sklaven und verkommenen Bürgern, dass dieser Mann Rom verlässt, sodass es scheint, du hättest ihn nicht aus der Stadt fortgelassen, sondern auf die Stadt losgelassen? Wirst du ihn denn nicht ins Gefängnis abführen, nicht schnellstens zu Tode bringen, nicht mit der Höchststrafe hinrichten lassen? (28) Was hindert dich denn? Etwa die Sitte der Väter? Dabei haben doch in diesem Staat sehr oft sogar Privatleute verderbenbringende Bürger mit dem Tode bestraft. Oder sind es die Gesetze über die Bestrafung römischer Bürger?[43] Dabei haben doch in dieser Stadt niemals von der Verfassung Abtrünnige ihr Bürgerrecht behalten. Oder fürchtest du den Hass der Nachwelt? Aufs Schönste stattest du in der Tat dem römischen Volk deinen Dank ab, das dich, einen Mann, der nur durch eigenes Verdienst bekannt war, ohne Empfehlung eines Stammbaums, über alle Stufen der Ehrenämter so zeitig[44] zur obersten Befehlsgewalt emporgehoben hat, wenn du aus Furcht vor Anfeindung oder sonst irgendeiner Gefahr das Wohl deiner Mitbürger vernachlässigst. (29) Aber wenn wirklich Furcht vor Anfeindung besteht, so braucht uns Anfeindung wegen Strenge und Entschlossenheit keine größere Furcht einzujagen als eine solche wegen Trägheit und Untüchtigkeit. Glaubst du etwa, wenn Krieg Italien verwüstet, wenn Städte heimgesucht werden, Häuser in Flammen stehen, dass du dann nicht in einer Feuersbrunst von Anfeindungen verbrennen wirst?«

**12** Auf diese hochheiligen Worte des Gemeinwesens und auf diese Gedanken der Gleichgesinnten will ich nur Weniges antworten. Hielte ich es für das Beste, ihr Senatoren, Catilina mit dem Tode zu bestrafen, so hätte ich diesem Gladiator nicht einmal eine einzige Stunde Leben gegönnt. Denn wenn die größten Männer und angesehensten Bürger sich mit dem Blut des Saturninus, der Gracchen, des Flaccus und vieler anderer

sanguine non modo se non contaminarunt, sed etiam honestarunt, certe verendum mihi non erat, ne quid hoc parricida civium interfecto invidiae mihi* in posteritatem redundaret. Quodsi ea mihi maxime impenderet, tamen hoc animo fui semper, ut invidiam virtute partam gloriam, non invidiam putarem.

(30) Quamquam nonnulli sunt in hoc ordine, qui aut ea, quae imminent, non videant aut ea, quae vident, dissimulent; qui spem Catilinae mollibus sententiis aluerunt coniurationemque nascentem non credendo conroboraverunt; quorum auctoritatem secuti multi non solum improbi, verum etiam imperiti, si in hunc animadvertissem, crudeliter et regie factum esse dicerent. Nunc intellego, si iste, quo intendit, in Manliana castra pervenerit, neminem tam stultum fore, qui non videat coniurationem esse factam, neminem tam improbum, qui non fateatur. Hoc autem uno interfecto intellego hanc rei publicae pestem paulisper reprimi, non in perpetuum comprimi posse. Quod si sese** eiecerit secumque suos eduxerit et eodem ceteros undique conlectos naufragos adgregarit, exstinguetur atque delebitur non modo haec tam adulta rei publicae pestis, verum etiam stirps ac semen malorum omnium.

**13** (31) Etenim iam diu, patres conscripti, in his periculis coniurationis insidiisque versamur, sed nescio quo pacto omnium scelerum ac veteris furoris et audaciae maturitas in nostri consulatus tempus erupit. Hic si ex tanto latrocinio iste unus tolletur, videbimur fortasse ad breve quoddam tempus cura et

* *Invidiae mihi* βγ: *invidiae* Papyrus Barcinonensis und α (so M. und Dyck, vielleicht richtig).

** *Sese* mit den wichtigsten Handschriften von α und vielen Herausgebern; *se* βγ und Papyrus B (M. und Dyck), aber es entsteht ein störender Hiat.

aus noch früherer Zeit nicht nur nicht befleckt, sondern hohe Ehre verschafft haben, so hatte ich gewiss nicht zu befürchten, aus dem Tod dieses hochverräterischen Bürgermörders werde in Zukunft irgendein Hass entspringen. Doch selbst wenn er mir im höchsten Maße drohte, bin ich doch stets so eingestellt gewesen, dass ich durch sittliches Handeln erworbenen Hass für eine Ehre, nicht für Hass gehalten habe.

(30) Indessen gibt es in dieser Versammlung einige, die entweder, was uns droht, nicht sehen oder, was sie sehen, nicht wahrhaben wollen: Männer, die der Hoffnung Catilinas durch wachsweiche Beschlüsse Nahrung gaben und die entstehende Verschwörung dadurch stärkten, dass sie nicht an sie glaubten. Unter deren Einfluss würden, falls ich gegen diesen Mann einschreite, viele nicht nur Übelwollende, sondern auch Unerfahrene meine Handlungsweise grausam und tyrannisch nennen. Jetzt aber sehe ich ein: Wenn dieser Mann dorthin gelangt, wohin er strebt, nämlich in das Lager des Manlius, wird niemand so töricht sein, nicht zu sehen, dass eine Verschwörung vorliegt, und auch niemand so übelwollend, es nicht zuzugeben. Durch den Tod dieses einen Mannes kann die Krankheit des Gemeinwesens auf kurze Zeit unterdrückt, nicht aber auf immer beseitigt werden. Wenn er sich aber hinausbegibt, all die Seinen mit hinwegführt und alle sonstigen Gescheiterten, die er überall aufgelesen hat, hinzunimmt, dann wird nicht nur diese so reife Pestbeule an unserem Gemeinwesen mit Stumpf und Stiel ausgerottet, sondern auch die Wurzel und der Keim aller Übel.

**13** (31) Schon lange nämlich, Senatoren, schweben wir in dieser heimtückischen Gefahr der Verschwörung, doch irgendwie sind alle Verbrechen, alle langjährige frevelhafte Raserei unter meinem Konsulat zur Reife und zum Ausbruch gelangt. Wird nun hier aus einer so großen Räuberschar dieser eine beseitigt, so werden wir vielleicht auf eine kleine Weile von Sorge und

metu esse relevati, periculum autem residebit et erit inclusum penitus in venis atque in visceribus rei publicae. Ut saepe homines aegri morbo gravi, cum aestu febrique iactantur, si aquam gelidam biberunt, primo relevari videntur, deinde multo gravius vehementiusque adflictantur, sic hic morbus, qui est in re publica, relevatus istius poena vehementius reliquis vivis ingravescet. (32) Quare secedant improbi, secernant se a bonis, unum in locum congregentur, muro denique, quod saepe iam dixi, secernantur a nobis; desinant insidiari domi suae consuli, circumstare tribunal praetoris urbani, obsidere cum gladiis curiam, malleolos et faces ad inflammandam urbem comparare; sit denique inscriptum in fronte unius cuiusque, quid de re publica sentiat. Polliceor hoc vobis,* patres conscripti, tantam in nobis consulibus fore diligentiam, tantam in vobis auctoritatem, tantam in equitibus Romanis virtutem, tantam in omnibus bonis consensionem, ut Catilinae profectione omnia patefacta, inlustrata, oppressa, vindicata esse videatis.

(33) Hisce ominibus, Catilina, cum summa rei publicae salute, cum tua peste ac pernicie cumque eorum exitio, qui se tecum omni scelere parricidioque iunxerunt, proficiscere ad impium bellum ac nefarium. Tu, Iuppiter, qui îsdem quibus haec urbs auspiciis a Romulo es constitutus, quem Statorem huius urbis atque imperî vere nominamus, hunc et huius socios a tuis ceterisque templis, a tectis urbis ac moenibus, a vita fortunisque civium omnium arcebis et homines bonorum ini-

* *Hoc vobis* Papyrus B mit α (auch rhythmisch besser! So die meisten Herausgeber, auch M.): *vobis hoc* βγ Dyck.

Furcht befreit scheinen, die Gefahr aber wird zurückbleiben und tief in den Adern und Eingeweiden des Gemeinwesens eingeschlossen sein. So wie schwerkranke Menschen, wenn Fieberhitze sie hin- und herwirft, durch einen Trunk kalten Wassers zuerst erleichtert scheinen, danach aber viel schwerer und heftiger erkranken, so wird diese Krankheit in unserem Gemeinwesen durch die Bestrafung dieses Mannes gelindert, aber solange die übrigen am Leben sind, nur heftiger und ernster werden. (32) Daher mögen die Übelgesinnten ausziehen, sich von den Gutgesinnten trennen, sich an einem einzigen Ort zusammenscharen und endlich, wie ich schon mehrmals sagte, durch die Stadtmauer von uns getrennt werden; mögen sie aufhören, dem Konsul in seinem eigenen Haus nachzustellen, das Tribunal des Stadtprätors zu umzingeln, die Kurie[45] mit Schwertern zu belagern, Brandpfeile und Fackeln bereitzustellen, um die Stadt anzuzünden. Möge schließlich einem jeden auf die Stirn geschrieben sein, wie er über das Gemeinwesen denkt. Dies verspreche ich euch, Senatoren: So groß wird die Sorgfalt von uns Konsuln sein, so maßgebend euer Einfluss, so unbedingt die Einsatzbereitschaft des Ritterstandes, so fest die Eintracht aller Gutgesinnten, dass ihr durch den Aufbruch Catilinas alles aufgedeckt, aufgeklärt, unterdrückt und bestraft sehen werdet.

(33) Unter diesen Vorzeichen, Catilina, zum Segen für das Gemeinwesen, zum Unheil und Verderben für dich und diejenigen, die sich mit dir zu allem hochverräterischen Verbrechen verbunden haben, – brich auf zu unheiligem, frevelhaftem Krieg! Du ⟨aber⟩, Iuppiter,[46] dessen Bild unter denselben Auspizien von Romulus gestiftet wurde wie diese Stadt – wir nennen dich Stator, den Bewahrer dieser Stadt und dieses Imperiums –, wirst diesen Mann und seine Genossen von deinen und allen übrigen Tempeln, von den Dächern und Mauern der Stadt, vom Leben und Eigentum aller Bürger fernhalten und

micos, hostîs patriae, latrones Italiae scelerum foedere inter se ac nefaria societate coniunctos aeternis suppliciis vivos mortuosque mactabis.

die Gegner der Gutgesinnten, die Feinde des Vaterlandes, die Plünderer Italiens, die das Band des Verbrechens und die Gemeinschaft des Frevels untereinander verbindet, im Leben und im Tode mit ewigen Strafen heimsuchen.

# Oratio secunda

**1** (1) Tandem aliquando, Quirites, L. Catilinam, furentem audacia, scelus anhelantem, pestem patriae nefarie molientem, vobis atque huic urbi ferro flammaque minitantem ex urbe vel eiecimus vel emisimus vel ipsum egredientem verbis prosecuti sumus. Abiit, excessit, evasit, erupit. Nulla iam pernicies a monstro illo atque prodigio moenibus ipsis intra moenia comparabitur. Atque hunc quidem unum huius belli domestici ducem sine controversia vicimus. Non enim iam inter latera nostra sica illa versabitur, non in campo, non in foro, non in curia, non denique intra domesticos parietes pertimescemus. Loco ille motus est, cum est ex urbe depulsus. Palam iam cum hoste nullo impediente bellum iustum geremus. Sine dubio perdidimus hominem magnificeque vicimus, cum illum ex occultis insidiis in apertum latrocinium coniecimus. (2) Quod vero non cruentum mucronem, ut voluit, extulit, quod vivis nobis egressus est, quod ei ferrum e manibus extorsimus, quod incolumîs civîs, quod stantem urbem reliquit, quanto tandem illum maerore esse adflictum et profligatum putatis? Iacet ille nunc prostratus, Quirites, et se perculsum atque abiectum esse sentit et retorquet oculos profecto saepe ad hanc urbem, quam e suis faucibus ereptam esse luget: quae quidem mihi laetari videtur, quod tantam pestem evomuerit forasque proiecerit.

## Die zweite Rede

**1** (1) Endlich haben wir also, Quiriten,[47] den Lucius Catilina, der in seiner Verwegenheit rast, von Verruchtheit schnaubt, frevelhaft gegen das Vaterland Pest und Verderben ins Werk setzt und euch und diese Stadt mit Feuer und Schwert bedroht, aus der Stadt hinausgeworfen oder fortgeschickt oder ihm bei seinem freiwilligen Aufbruch mit Worten das Geleit gegeben. Gegangen ist er, entwichen, entronnen, ausgebrochen. Eine Vernichtung unserer Mauern wird dieses Scheusal, dieses Ungeheuer nicht mehr innerhalb ebendieser Mauern planen können. Und so haben wir denn diesen einzigen Heerführer dieses Bürgerkrieges unstreitig besiegt. Denn dieser Dolch wird nicht mehr dicht an unserer Seite sein Unwesen treiben; weder auf dem Marsfeld noch auf dem Forum noch in der Kurie noch in unseren eigenen vier Wänden werden wir etwas fürchten müssen. Er ist aus seiner Stellung verdrängt worden, als man ihn aus der Stadt vertrieb. Jetzt werden wir offen gegen den Staatsfeind einen gerechten Krieg führen, ohne dass uns jemand hindert. Ohne Zweifel haben wir den Mann vernichtet und glänzend besiegt, indem wir ihn aus seinem versteckten Hinterhalt ins offene Banditendasein trieben. (2) Dass er aber keine blutige Klinge, wie er wollte, mit sich forttrug, dass wir seinen Auszug überlebt, seinen Händen den Stahl entwunden haben, dass er die Bürger unbeschadet, die Stadt unzerstört zurückließ – stellt euch die tiefe Trauer vor, von der er sich niedergedrückt, ja niedergeschmettert fühlte! Da liegt er nun ausgestreckt am Boden, Quiriten, und spürt, dass er geschlagen und niedergeworfen ist; in der Tat wendet er oft seinen Blick zu dieser Stadt zurück und trauert, dass man sie seinem Rachen entriss; diese aber, so will mir scheinen, freut sich, dass sie eine so schwere Pest ausgespien und hinausgeworfen hat.

2 (3) Ac siquis est talis, qualîs esse omnîs oportebat, qui in hoc ipso, in quo exsultat et triumphat oratio mea, me vehementer accuset, quod tam capitalem hostem non comprehenderim potius quam emiserim, non est ista mea culpa, Quirites, sed temporum. Interfectum esse L. Catilinam et gravissimo supplicio affectum iam pridem oportebat, idque a me et mos maiorum et huius imperî severitas et rei publicae utilitas* postulabat. Sed quam multos fuisse putatis, qui, quae ego deferrem, non crederent, quam multos, qui propter stultitiam** non putarent, quam multos, qui etiam defenderent, quam multos, qui propter improbitatem faverent? Ac si illo sublato depelli a vobis omne periculum iudicarem, iam pridem ego L. Catilinam non modo invidiae meae verum etiam vitae periculo sustulissem. (4) Sed cum viderem, ne vobis quidem omnibus etiam tum re probata si illum, ut erat meritus, morte multassem, fore, ut eius socios invidia oppressus persequi non possem, rem huc deduxi, ut tum palam pugnare possetis, cum hostem aperte videretis.

Quem quidem ego hostem, Quirites, quam vehementer foris esse timendum putem, licet hinc intellegatis, quod etiam illud moleste fero, quod ex urbe parum comitatus exierit. Utinam ille omnîs secum suas copias eduxisset! Tongilium mihi eduxit, quem amare in praetexta coeperat, Publicium et Minucium, quorum aes alienum contractum in popina nullum rei publicae motum adferre poterat: reliquit quos viros, quanto aere alieno, quam valentîs, quam nobilîs!

* *Rei publicae utilitas* Papyrus B (von M. mit Recht akzeptiert): *res publica* αβγ.

** Hier fügt Dyck mit Shackleton Bailey ein: *coniurationem factam* (vgl. Cic. *Catil.* 1,30 *neminem tam stultum fore qui non videat coniurationem esse factam*).

**2** (3) Und wenn es einen gibt, der so denkt, wie alle denken sollten, und mich gerade deswegen, weshalb meine Rede frohlockt und triumphiert, heftig anklagen würde, dass ich nämlich einen solchen Erzfeind hätte lieber verhaften sollen, statt ihn hinauszulassen, so ist dies nicht meine Schuld, Quiriten, sondern es liegt an den Zeitumständen. Schon lange hätte es sich gehört, Catilina zu töten und zur härtesten Strafe zu verurteilen, – das verlangte von mir der Brauch der Vorfahren, die Strenge meines Amtes und der Nutzen des Gemeinwesens. Aber wie viele, meint ihr, hätte es gegeben, die meinen Anschuldigungen keinen Glauben schenkten! Wie viele, die es aus Einfalt nicht glauben wollten, ja, die Catilina sogar verteidigten! Wie viele, die ihn aus Ruchlosigkeit begünstigten! Und wenn ich überzeugt wäre, dass mit seiner Beseitigung alle Gefahr von euch abgewendet würde, hätte ich Lucius Catilina schon lange unschädlich gemacht und dafür nicht nur Hass in Kauf genommen, sondern sogar mein Leben aufs Spiel gesetzt. (4) Aber da ich sah, dass auch ihr es nicht alle gutgeheißen hättet, wenn ich ihn, wie er es verdiente, mit dem Tode bestraft hätte, und dass ich dann, von Hass schwer bedrängt, seine Genossen nicht würde verfolgen können, habe ich das Geschehen so gelenkt, dass ihr dann offen mit ihm kämpfen könnt, wenn ihr ihn klar als Feind vor euch seht.

Wie sehr man meines Erachtens diesen Feind, Quiriten, außerhalb der Stadt fürchten muss, könnt ihr daraus ersehen, dass ich sogar darüber ungehalten bin, dass er die Stadt mit zu geringem Gefolge verlassen hat. Hätte er doch alle seine Truppen mit hinausgenommen! Den Tongilius zwar hat er mir »entführt«, den er als Knaben[48] liebgewonnen hatte, den Publicius und Minucius,[49] deren Wirtshausschulden den Staat nicht hätten erschüttern können. Doch was für Männer hat er zurückgelassen, wie hoch verschuldete, wie mächtige, wie vornehme!

**3** (5) Itaque ego illum exercitum prae Gallicanis legionibus et hoc dilectu, quem in agro Piceno et Gallico Q. Metellus habuit, et his* copiis, quae a nobis cotidie comparantur, magno opere contemno, conlectum ex senibus desperatis, ex agresti luxuria, ex rusticis decoctoribus, ex eis, qui vadimonia deserere quam illum exercitum maluerunt; quibus ego non modo si aciem exercitus nostri, verum etiam si edictum praetoris ostendero, concident.

Hos quos video volitare in foro, quos stare ad curiam, quos etiam in senatum venire, qui nitent unguentis, qui fulgent purpura, mallem secum suos milites eduxisset! Qui si hic permanent, mementote non tam exercitum illum esse nobis quam hos, qui exercitum deseruerunt, pertimescendos. Atque hoc etiam sunt timendi magis, quod quid cogitent me scire sentiunt neque tamen permoventur. (6) Video, cui sit Apulia attributa, quis habeat Etruriam, quis agrum Picenum, quis Gallicum, quis sibi has urbanas insidias caedis atque incendiorum depoposcerit. Omnia superioris noctis consilia ad me perlata esse sentiunt; patefeci in senatu hesterno die; Catilina ipse pertimuit, profugit: hi quid exspectant? Ne illi vehementer errant, si illam meam pristinam lenitatem perpetuam sperant futuram.

**4** Quod exspectavi, iam sum adsecutus, ut vos omnes factam esse aperte coniurationem contra rem publicam videretis; nisi vero siquis est, qui Catilinae similîs cum Catilina sentire

* *His* βγ: *prae his* Mueller (akzeptiert von M.).

3 (5) Im Vergleich mit unseren gallischen Legionen und der jetzt von Quintus Metellus[50] im picenischen[51] und gallischen[52] Gebiet ausgehobenen Mannschaft sowie den Truppen, die von uns täglich bereitgestellt werden, kenne ich daher nur tiefe Verachtung für das Heer der Gegner, das zusammengewürfelt ist aus verzweifelten Greisen,[53] verschwenderischem Landadel, hinterwäldlerischen Bankrotteuren, die lieber ihren Gerichtsterminen untreu wurden als jenem Heer. Zusammenbrechen werden diese Leute nicht nur, wenn ich ihnen unsere Truppen in Gefechtsordnung, sondern wenn ich ihnen auch nur das Edikt des Prätors[54] zeige.

Lieber wäre es mir gewesen, er hätte die Leute als Soldaten mitgenommen, die ich auf dem Forum einherschlendern, an der Kurie herumstehen, sogar in den Senat kommen sehe, die von allerlei Pomaden glänzen, mit Purpur prunken![55] Wenn diese hier bleiben – denkt ständig daran! –, dann haben wir nicht so sehr jenes Heer als vielmehr diese Leute ernsthaft zu fürchten, die ihr Heer im Stich gelassen haben. Und umso mehr muss man sie fürchten, weil sie spüren, dass ich weiß, worauf sie sinnen, und sich dennoch nicht aus der Ruhe bringen lassen. (6) Ich sehe, wem Apulien zugewiesen ist, wer über Etrurien, wer über das picenische Gebiet, wer über das gallische verfügen soll und wer für sich das Recht beansprucht hat, in dieser unserer Stadt heimtückisch zu morden und Brand zu stiften. Sie merken, dass alle Beschlüsse der vorgestrigen[56] Nacht mir zugetragen worden sind: Aufgedeckt habe ich es gestern im Senat; Catilina selbst erschrak und flüchtete. Worauf warten diese noch? Wahrhaftig, sie irren sich gewaltig, wenn sie hoffen, meine frühere Milde werde ewig dauern!

4 Worauf ich wartete, das habe ich schon erreicht: Ihr alle seht, dass ganz offensichtlich eine Verschwörung gegen das Gemeinwesen stattgefunden hat, es sei denn, jemand glaube, Leute, die Catilina gleichen, dächten nicht wie Catilina. Da gibt

non putet. Non est iam lenitati locus; severitatem res ipsa flagitat. Unum etiam nunc concedam: exeant, proficiscantur, ne patiantur desiderio sui Catilinam miserum tabescere. Demonstrabo iter: Aurelia via profectus est; si accelerare volent, ad vesperam consequentur. (7) O fortunatam rem publicam, siquidem hanc sentinam urbis eiecerit! Uno mehercule Catilina exhausto levata mihi et recreata res publica videtur. Quid enim mali aut sceleris fingi aut cogitari potest, quod non ille conceperit? Quis tota Italia veneficus, quis gladiator, quis latro, quis sicarius, quis parricida, quis testamentorum subiector, quis circumscriptor, quis ganeo, quis nepos, quis adulter, quae mulier infamis, quis corruptor iuventutis, quis corruptus, quis perditus inveniri potest, qui se cum Catilina non familiarissime vixisse fateatur? Quae caedes per hosce annos sine illo facta est, quod nefarium stuprum non per illum? (8) Iam vero quae tanta umquam in ullo iuventutis inlecebra fuit quanta in illo? Qui alios ipse amabat turpissime, aliorum amori flagitiosissime serviebat, aliis fructum libidinum, aliis mortem parentum non modo impellendo, verum etiam adiuvando pollicebatur. Nunc vero quam subito non solum ex urbe, verum etiam ex agris ingentem numerum perditorum hominum conlegerat! Nemo non modo Romae, sed ne ullo quidem in angulo totius Italiae oppressus aere alieno fuit, quem non ad hoc incredibile sceleris foedus asciverit.

**5** (9) Atque ut eius diversa studia in dissimili ratione perspicere possitis, nemo est in ludo gladiatorio paulo ad facinus au-

es keinen Spielraum mehr für Milde. Strenge fordert die Sachlage. Nur eins will ich auch jetzt noch zugestehen: Hinausgehen, aufbrechen mögen sie und den armen Catilina nicht vor Sehnsucht nach ihnen verschmachten lassen. Zeigen will ich ihnen den Weg: Auf der Via Aurelia[57] ist er abgezogen; wenn sie sich sputen wollen, werden sie ihn bis zum Abend noch einholen. (7) Oh glücklich das Gemeinwesen, wenn es diesen Abschaum der Stadt loswird! Beim Hercules! Allein schon nachdem Catilina fortgeschafft ist, scheint mir das Gemeinwesen erleichtert und wie neu geschaffen. Denn welche Untat, welches Verbrechen lässt sich vorstellen oder ausdenken, das er nicht ausgeheckt hätte? Wo ist in ganz Italien ein Giftmischer zu finden, wo ein Gladiator, Räuber, Meuchler, Hochverräter und Verwandtenmörder, wo ein Testamentsfälscher, Betrüger, Schlemmer, Verschwender, Ehebrecher, wo ein verrufenes Frauenzimmer, wo ein Jugendverderber, wo ein Verdorbener, wo ein Verkommener, der nicht bekennt, mit Catilina auf vertrautestem Fuße gelebt zu haben? Welcher Mord im Laufe der letzten Jahre ist ohne ihn verübt worden, welche frevelhafte Tat der Unzucht nicht von ihm? (8) Ferner: Wer übte jemals auf die Jugend eine so starke Verlockung aus wie er, der die einen selbst aufs Schändlichste liebte, der Liebe der anderen aufs Verbrecherischste dienstbar war, der den einen die Befriedigung ihrer Begierden, den anderen den Tod ihrer engsten Angehörigen nicht bloß durch Anstiftung, sondern durch persönliche Hilfe versprach? Wie blitzschnell hatte er jetzt nicht nur aus der Stadt, sondern auch vom Lande eine Unzahl heruntergekommener Existenzen zusammengebracht! Nicht in Rom allein, sondern bis in den letzten Winkel ganz Italiens gab es keinen von Schuldenlast Bedrückten, den er nicht für dieses unglaublich verbrecherische Bündnis gewann.

**5** (9) Und damit ihr Catilinas so vielseitige[58] Neigungen auf ganz unterschiedlichen Gebieten ermessen könnt: In der Gla-

dacior, qui se non intimum Catilinae esse fateatur,* nemo in scaena levior et nequior, qui se non eiusdem prope sodalem fuisse commemoret. Atque îdem tamen stuprorum et scelerum exercitatione adsuefactus frigore et fame et siti et vigiliis perferendis fortis ab istis praedicabatur, cum industriae subsidia atque instrumenta virtutis in libidine audaciaque consumeret. (10) Hunc vero si secuti erunt sui comites, si ex urbe exierint desperatorum hominum flagitiosi greges, o nos beatos, o rem publicam fortunatam,** o praeclaram laudem consulatus mei! Non enim iam sunt mediocres hominum libidines, non humanae et tolerandae audaciae; nihil cogitant nisi caedem, nisi incendia, nisi rapinas. Patrimonia sua profuderunt, fortunas suas obligaverunt; res eos iam pridem, fides nuper deficere coepit: eadem tamen illa, quae erat in abundantia, libîdo permanet. Quodsi in vino et alea comissationes solum et scorta quaererent, essent illi quidem desperandi, sed tamen essent ferendi: hoc vero quis ferre possit, inertîs homines fortissimis viris insidiari, stultissimos prudentissimis, ebriosos sobriis, dormientîs vigilantibus? Qui mihi accubantes in conviviis, complexi mulieres impudîcas, vino languidi, conferti cibo, sertis redimiti, unguentis obliti, debilitati stupris eructant sermonibus suis caedem bonorum atque urbis incendia. (11) Quibus ego confido impendere fatum aliquod et poenam

* *esse fateatur* a (Laurentianus 12. Jh.) γ, von den meisten Herausgebern aufgenommen (gute Klausel): fehlt im Papyrus B und in mehreren guten Handschriften (auch M. lässt es aus, vielleicht mit Recht).

** *Fortunatam: -um* Druckfehler bei Clark, von M. versehentlich übernommen.

diatorenschule[59] gibt es keinen, der sich auch nur ein wenig durch Mut zum Verbrechen auszeichnet, der sich nicht als Herzensfreund Catilinas zu erkennen gibt, und auf dem Theater[60] gibt es keinen Windbeutel und Nichtsnutz, der nicht von sich behaupten kann, er sei geradezu ein Kumpan Catilinas gewesen. Durch hartes Training in Unzucht und Verbrechen daran gewöhnt, Frost, Hunger, Durst und Nachtwachen zu ertragen, wurde er immerhin von diesen Leuten als tapferer Mann gepriesen, wobei er freilich, was ihm an Arbeitskraft als Rüstzeug der Tüchtigkeit zu Gebote stand, auf Lustgewinn und Freveltat verschwendete. (10) Sind ihm dann erst einmal seine Anhänger nachgefolgt, haben die verbrecherischen Scharen verzweifelter Leute diese Stadt verlassen, oh wie selig sind wir dann, wie beglückt das Gemeinwesen, wie herrlich der Ruhm meines Konsulats! Denn nicht mehr nur mittelmäßig sind die Laster dieser Leute, sondern von einer Unverschämtheit, die Menschenmaß und alles Erträgliche übersteigt. Sie sind nur auf Mord, Brand und Raub bedacht. Ihr eigenes Vermögen haben sie verschwendet, ihre Güter verpfändet. Schon lange haben sie ihr Eigentum verloren, neuerdings[61] auch ihre Kreditwürdigkeit, aber ihre Genusssucht bleibt dieselbe wie damals, als sie im Überfluss lebten. Wären sie freilich nur auf Gelage bei Wein und Würfelspiel sowie auf Liebschaften bedacht, müsste man an ihnen zwar verzweifeln, aber das wäre noch zu ertragen. Wer aber könnte solches dulden, dass Taugenichtse den Tüchtigsten nachstellen, Toren den Klügsten, Säufer den Nüchternen, Schlafmützen den Wachsamen? Bei Schmausereien liegen sie zu Tische, umarmen schamlose Frauenspersonen, sind vom Wein erschlafft, mit Speisen vollgestopft, mit Girlanden bekränzt, mit Pomaden gesalbt, von Unzucht entkräftet – so rülpsen sie es in ihren Gesprächen heraus: Ermordung rechtschaffener Bürger und Verbrennung der Hauptstadt! (11) Überzeugt bin ich, dass ihnen ein Verhängnis droht

iam diu improbitati, nequitiae, sceleri, libidini debitam aut instare iam plane aut certe appropinquare.

Quos si meus consulatus, quoniam sanare non potest, sustulerit, non breve nescio quod tempus, sed multa saecula propagarit rei publicae. Nulla est enim natio, quam pertimescamus, nullus rex, qui bellum populo Romano facere possit. Omnia sunt externa unius virtute terra marique pacata: domesticum bellum manet, intus insidiae sunt, intus inclusum periculum est, intus est hostis. Cum luxuria nobis, cum amentia, cum scelere certandum est. Huic ego me bello ducem profiteor, Quirites; suscipio inimicitias hominum perditorum; quae sanari poterunt, quacumque ratione sanabo, quae resecanda erunt, non patiar ad perniciem civitatis manere. Proinde aut exeant aut quiescant aut, si et in urbe et in eadem mente permanent, ea, quae merentur, exspectent.

**6** (12) At etiam sunt qui dicant, Quirites, a me eiectum in exsilium* esse Catilinam. Quod ego si verbo adsequi possem, istos ipsos eicerem, qui haec loquuntur. Homo enim videlicet timidus aut etiam permodestus vocem consulis ferre non potuit; simul atque ire in exsilium iussus est, paruit. Quin** hesterno die, Quirites, cum domi meae paene interfectus essem, senatum in aedem Iovis Statoris convocavi, rem omnem ad patres conscriptos detuli. Quo cum Catilina venisset, quis

* *in exsilium* Papyrus B (und M.).

** *Quin* Klotz (mit ihm Clark, Fuhrmann): *quid ut* a (Laurentianus 11. Jh.) h (Harleianus 12. Jh.) M. und Klose (*quid? ut*); *qui ut* Bβγ (laut M. vielleicht richtig, laut Dyck und den meisten korrupt).

und dass die verdiente Strafe für ihre Verruchtheit, Nichtswürdigkeit, ihren Frevelmut und ihre Zügellosigkeit entweder vor der Tür steht oder doch schon nahe ist.

Wenn mein Konsulat diese Leute, da es sie nicht heilen kann, aus dem Wege räumt, so dürfte es dem Gemeinwesen nicht etwa nur eine kurze Zeitspanne schenken, sondern dessen Lebenszeit um viele Jahrhunderte verlängern. Denn es gibt keine Nation, die wir zu fürchten hätten, keinen König, der das römische Volk mit Krieg überziehen könnte; von außen ist – dank der Tapferkeit eines Einzelnen[62] – alles zu Land und Wasser befriedet; im eigenen Hause aber dauert der Krieg fort, im Inneren lauert Verräterei, im Inneren ist die Gefahr verborgen, im Inneren weilt der Feind. Gegen Ausschweifung, Wahnwitz, Verbrechen müssen wir kämpfen. Für diesen Krieg biete ich mich als Feldherr an, Quiriten, auf mich nehme ich die Feindschaft der Verworfenen. Was sich dann heilen lässt, werde ich auf jede Weise heilen; was aber weggeschnitten werden muss, werde ich nicht zum Verderben des Gemeinwesens stehen lassen. Daher sollen sie entweder abziehen oder Ruhe halten; falls sie aber sowohl in der Stadt als auch bei derselben Gesinnung bleiben wollen, sollen sie sich auf das gefasst machen, was sie verdienen.

**6** (12) Doch gibt es auch Leute, ihr Quiriten, die behaupten, ich hätte Catilina in die Verbannung geschickt. Wenn ich solches durch mein Wort erreichen könnte, würde ich ebendie Männer hinauswerfen, die dies behaupten. Hat doch offenbar dieser Mann aus Schüchternheit oder gar aus übermäßiger Bescheidenheit die Stimme des Konsuls nicht ertragen können! Sobald man ihm befahl, ins Exil zu gehen, hat er gehorcht! Gestern, Quiriten, als ich in meinem eigenen Hause fast ermordet worden war, berief ich den Senat in den Tempel des Iuppiter Stator und legte die ganze Angelegenheit den Senatoren vor. Als Catilina dort erschien – welcher Senator hat ihn

eum senator appellavit, quis salutavit, quis denique ita aspexit ut perditum civem ac non potius ut importunissimum hostem? Quin etiam principes eius ordinis partem illam subselliorum, ad quam ille accesserat, nudam atque inanem reliquerunt. (13) Hic ego vehemens ille consul, qui verbo civîs in exsilium eicio, quaesivi a Catilina, in nocturno conventu apud M. Laecam fuisset necne. Cum ille homo audacissimus conscientia convictus primo reticuisset, patefeci cetera: quid ea nocte egisset, ubi fuisset, quid in proximam constituisset, quem ad modum esset ei ratio totius belli descripta, edocui. Cum haesitaret, cum teneretur, quaesivi, quid dubitaret proficisci eo, quo iam pridem pararet, cum arma, cum securîs, cum fascîs, cum tubas, cum signa militaria, cum aquilam illam argenteam, cui ille etiam sacrarium domi suae fecerat, scirem esse praemissam. (14) In exsilium eiciebam, quem iam ingressum esse in bellum videram?* Etenim, credo, Manlius iste centurio, qui in agro Faesulano castra posuit, bellum populo Romano suo nomine indixit, et illa castra nunc non Catilinam ducem exspectant, et ille eiectus in exsilium se Massiliam, ut aiunt, non in haec castra confert.

7 O condicionem miseram non modo administrandae, verum etiam conservandae rei publicae! Nunc si L. Catilina consiliis, laboribus, periculis meis circumclusus ac debilitatus subito pertimuerit, sententiam mutaverit, deseruerit suos, consilium belli faciendi abiecerit, et ex hoc cursu sceleris ac belli iter ad fugam atque in exsilium converterit, non ille a me spoli-

* *Videram* A (Ambrosianus 10.–11. Jh.) und V (Vossianus, 10. Jh.). Es liegt ganz eindeutig Vorzeitigkeit gegenüber dem Hauptsatz vor, außerdem ergibt sich eine gute Klausel; akzeptiert von Kumaniecki, Clark und Fuhrmann: *videbam* Diomedes, Papyrus B, βγ, der Laurentianus a (akzeptiert von M.). Aber *videram* ist die schwierigere Lesart; die alte Korruptel erklärt sich durch den Reim.

da angeredet, wer gegrüßt? Wer ihn auch nur so angeblickt wie einen verworfenen Bürger – und nicht vielmehr wie den widerwärtigsten Feind? Die führenden Männer dieser Versammlung ließen sogar den Teil der Bänke, dem er sich genähert hatte, leer und unbesetzt. (13) Hier habe ich, der ⟨angeblich⟩ so heftige Konsul, der durch sein bloßes Wort Bürger ins Exil schickt, Catilina gefragt, ob er bei Marcus Laeca an einer nächtlichen Versammlung teilgenommen habe oder nicht. Als dieser so verwegene Mann, vom Gewissen überführt, zunächst schwieg, brachte ich das Übrige ans Licht: Ich legte im Einzelnen dar, was er in jener Nacht getrieben, wo er sich aufgehalten, was er für die folgende festgesetzt und wie er den gesamten Kriegsplan entworfen habe. Als er ins Stocken geriet, sich ertappt fühlte, fragte ich ihn, warum er sich noch bedenke, dorthin aufzubrechen, wohin zu gehen er schon lange vorhabe; mir sei ja bekannt, dass er Waffen, Beile, Rutenbündel,[63] Trompeten und Feldzeichen vorausgeschickt habe, samt jenem silbernen Adler, dem er sogar in seinem Hause ein Heiligtum geweiht hatte.[64] (14) Ich soll den ins Exil geschickt haben, der, wie ich gesehen hatte, bereits in den Krieg eingetreten war? Ich glaube gar[65], dieser dein Hauptmann Manlius, der im Gebiet von Faesulae[66] sein Lager aufgeschlagen hat, habe im eigenen Namen dem römischen Volk den Krieg erklärt und jenes Lager erwarte nun nicht Catilina als seinen Feldherrn, vielmehr begebe sich jener Ausgestoßene ins Exil nach Massilia,[67] wie es heißt, und nicht in dieses Lager.

7 Oh in welch unglückseliger Lage befindet man sich, will man den Staat nicht nur verwalten, sondern auch bewahren! Bekäme Catilina, umzingelt und geschwächt durch meine Überlegungen, Anstrengungen und Gefahren, nun plötzlich Angst, änderte seine Meinung, ließe die Seinen im Stich, gäbe seinen Kriegsplan auf, kehrte sich von diesem Weg des Kriegs und Verbrechens ab zu Flucht und Verbannung, – wird es dann

atus armis audaciae, non obstupefactus ac perterritus mea diligentia, non de spe conatuque depulsus, sed indemnatus innocens in exsilium eiectus a consule vi et minis esse dicetur: et erunt qui illum, si hoc fecerit, non improbum, sed miserum, me non diligentissimum consulem, sed crudelissimum tyrannum existimari velint! (15) Est mihi tanti, Quirites, huius invidiae falsae atque iniquae tempestatem subire, dum modo a vobis huius horribilis belli ac nefarii periculum depellatur. Dicatur sane eiectus esse a me, dum modo eat in exsilium. Sed, mihi credite, non est iturus. Numquam ego ab dis immortalibus optabo, Quirites, invidiae meae levandae causa, ut L. Catilinam ducere exercitum hostium atque in armis volitare audiatis, sed triduo tamen audietis; multoque magis illud timeo, ne mihi sit invidiosum aliquando, quod illum emiserim potius quam quod eiecerim. Sed cum sint homines, qui illum, cum profectus sit, eiectum esse dicant, idem, si interfectus esset, quid dicerent? (16) Quamquam isti, qui Catilinam Massiliam ire dictitant, non tam hoc queruntur quam verentur. Nemo est istorum tam misericors, qui illum non ad Manlium quam ad Massiliensîs ire malit. Ille autem si mehercule hoc, quod agit, numquam antea cogitasset, tamen latrocinantem se interfici mallet quam exsulem vivere. Nunc vero, cum ei nihil adhuc praeter ipsius voluntatem cogitationemque acciderit, nisi

nicht heißen, er sei nicht von mir der Waffen seiner Verwegenheit beraubt, nicht durch meine Sorgfalt bestürzt und erschreckt, nicht von seinem erhofften Unterfangen abgebracht worden, sondern ohne Urteilsspruch unschuldig vom Konsul mit Gewalt und Drohungen in die Verbannung gestoßen worden! Und es wird Leute geben, die ihn bei solchem Verhalten nicht für ruchlos, sondern für unglücklich, und die mich nicht für den gewissenhaftesten Konsul, sondern für den grausamsten Tyrannen ausgeben wollen. (15) Es ist für mich der Mühe wert, Quiriten, mich dem Ungewitter dieser falschen und ungerechten Anfeindung zu unterziehen, wenn nur von euch die Gefahr dieses entsetzlichen und verbrecherischen Krieges abgewendet wird. Mag es doch heißen, er sei von mir ausgestoßen worden, – wenn er nur wirklich ins Exil geht. Aber glaubt mir: Er wird nicht dorthin gehen. Niemals werde ich, um die Anfeindung gegen mich zu beschwichtigen, Quiriten, von den unsterblichen Göttern wünschen, dass ihr hören müsst, Lucius Catilina führe ein feindliches Heer und treibe bewaffnet sein Unwesen. Aber binnen drei Tagen werdet ihr es trotzdem hören. Und viel mehr muss ich dies befürchten: Man werde mich irgendwann dafür anfeinden, dass ich ihn hätte ziehen lassen, statt ihn hinauszuwerfen. Aber da es Leute gibt, die – obwohl er von sich aus aufgebrochen ist – behaupten, er sei ausgestoßen worden, – was würden dieselben Leute erst sagen, wenn er getötet worden wäre? (16) Indessen: Diejenigen, die versichern, Catilina gehe nach Massilia, beklagen dies weniger als sie es befürchten. Keiner von dieser Schar ist so barmherzig, dass es ihm nicht lieber wäre, Catilina ginge zu Manlius statt nach Massilia. Und möchte doch jener, selbst wenn er (beim Hercules!), was er jetzt betreibt, niemals vorher geplant hätte, es dennoch vorziehen, als Straßenräuber zu fallen, statt als Verbannter zu leben. Nun aber, da ihm bisher alles nur nach Wunsch und Plan vonstatten gegangen ist – außer der Tatsa-

quod vivis nobis Roma profectus est, optemus potius, ut eat in exsilium, quam queramur.

**8** (17) Sed cur tam diu de uno hoste loquimur et de eo hoste, qui iam fatetur se esse hostem, et quem, quia – quod semper volui – murus interest, non timeo: de his, qui dissimulant, qui Romae remanent, qui nobiscum sunt, nihil dicimus? Quos quidem ego, si ullo modo fieri possit, non tam ulcisci studeo quam sanare sibi ipsos, placare rei publicae, neque id quare fieri non possit, si me audire volent, intellego. Exponam enim vobis, Quirites, ex quibus generibus hominum istae copiae comparentur; deinde singulis medicinam consilî atque orationis meae, si quam potero, adferam.

(18) Unum genus est eorum, qui magno in aere alieno maiores etiam possessiones habent, quarum amore adducti dissolvi nullo modo possunt. Horum hominum species est honestissima – sunt enim locupletes –, voluntas vero et causa impudentissima. Tu agris, tu aedificiis, tu argento, tu familia, tu rebus omnibus ornatus et copiosus sis, et dubites de possessione detrahere, adquirere ad fidem? Quid enim exspectas? Bellum? Quid ergo? In vastatione omnium tuas possessiones sacrosanctas futuras putes?* An tabulas novas? Errant, qui istas a Catilina exspectant: meo beneficio tabulae novae proferuntur, verum auctionariae; neque enim isti, qui possessiones habent, alia ratione ulla salvi esse possunt. Quod si maturius facere

* *Putes* α: *-as* Papyrus B βγ (M.).

che, dass ich seinen Aufbruch aus Rom überlebt habe –, wollen wir lieber wünschen, er möge ins Exil gehen, statt dies zu beklagen.

**8** (17) Doch warum reden wir so lange nur über diesen einen Feind, und zwar über den, der sich schon als Feind bekennt und den ich nicht fürchte, weil – was ich schon immer wollte – diese Stadtmauer zwischen uns ist, und warum sagen wir nichts über diejenigen, die ihre Einstellung verheimlichen, die in Rom bleiben, die unter uns sind? Diese möchte ich freilich, wenn es irgendwie möglich ist, nicht so sehr bestrafen als vielmehr in ihrem eigenen Interesse heilen, mit dem Gemeinwesen aussöhnen. Und ich sehe nicht ein, warum dies nicht möglich sein soll, wenn sie auf mich hören wollen. Ich will euch, Quiriten, nämlich darlegen, aus welchen Menschengruppen sich diese Truppen rekrutieren; sodann werde ich jeder einzelnen, soweit ich es kann, meinen Rat und meine Rede als Arznei reichen.

(18) Eine Gruppe besteht aus Leuten, die bei großen Schulden noch größere Besitztümer haben, aus Liebe zu diesen sich aber nicht schuldenfrei machen[68] können. Das Auftreten dieser Menschen ist höchst ehrbar – sind sie doch wohlhabend –, ihre Absicht und ihr Standpunkt lassen aber jede Scham vermissen. Bist du reichlich versehen mit Ländereien, Gebäuden, Silber, Personal und allem Sonstigen und trägst doch Bedenken, von deinem Besitz etwas abzuziehen, um dafür an Kredit zu gewinnen?[69] Was erwartest du dir nämlich? Einen Krieg? Wie? Meinst du also, bei der allgemeinen Verwüstung würden deine Besitztümer unangetastet bleiben? Oder erwartest du eine Reform der Schuldenbücher?[70] Im Irrtum sind diejenigen, die eine solche von Catilina erwarten. Ich dagegen werde eine Reform der Schuldenbücher einführen, aber auf dem Wege der Versteigerung;[71] denn anders können die Eigentümer von Grundbesitz nicht gerettet werden. Hätten sie dies früher

voluissent neque, id quod stultissimum est, certare cum usuris fructibus praediorum, et locupletioribus his et melioribus civibus uteremur. Sed hosce homines minime puto pertimescendos, quod aut deduci de sententia possunt aut, si permanebunt, magis mihi videntur vota facturi contra rem publicam quam arma laturi.

**9** (19) Alterum genus est eorum, qui, quamquam premuntur aere alieno, dominationem tamen exspectant, rerum potiri volunt, honores, quos quieta re publica desperant, perturbata se consequi posse arbitrantur. Quibus hoc praecipiendum videtur, unum scilicet et idem quod reliquis omnibus, ut desperent id, quod conantur, se* consequi posse: primum omnium me ipsum vigilare, adesse, providere rei publicae; deinde magnos animos esse in bonis viris, magnam concordiam *in*** maxima multitudine, magnas praeterea militum copias; deos denique immortalîs huic invicto populo, clarissimo imperio, pulcherrimae urbi contra tantam vim sceleris praesentîs auxilium esse laturos. Quodsi iam sint id, quod cum summo furore cupiunt, adepti, num illi in cinere urbis et in sanguine civium, quae mente conscelerata ac nefaria concupiverunt, consules se aut dictatores aut etiam reges sperant futuros? Non vident id se cupere quod, si adepti sint, fugitivo alicui aut gladiatori concedi sit necesse?

(20) Tertium genus est aetate iam adfectum, sed tamen exercitatione robustum; quo ex genere iste est Manlius, cui nunc

* *Id, quod conantur, se* α (Clark, Fuhrmann, Klose): *se id quod conantur* (M.).

** *In* ist Konjektur von Halm.

tun wollen, statt (was die größte Torheit ist) die Zinsen mit den Erträgen ihrer Landgüter zu bestreiten, so hätten wir in ihnen wohlhabendere und bessere Mitbürger. Doch sind diese Menschen, wie ich glaube, am wenigsten zu fürchten, weil sie sich entweder von ihrer Meinung abbringen lassen, oder, wenn sie darauf beharren, gegen den Staat eher Verwünschungen ausstoßen als Waffen führen werden.

**9** (19) Die zweite Gruppe bilden solche, die zwar von Schuldenlast gedrückt, aber selbst auf Herrschaft bedacht sind. Sie wollen im Staate die Macht ergreifen und glauben, in verworrener Lage des Staates die Ehrenämter bekommen zu können, an deren Erlangung sie bei friedlichen politischen Verhältnissen verzweifeln müssen. Diesen Leuten muss man, wie mir scheint, folgenden Rat erteilen – und zwar ein und denselben wie allen Übrigen: nämlich, sie sollten die Hoffnung aufgeben, das Erstrebte erreichen zu können; denn erstens wache ich über das Gemeinwesen, stehe ihm bei und treffe Vorsorge; sodann haben die Gutgesinnten einen hohen Mut und groß ist die Eintracht in der überwältigenden Mehrheit, stark sind ferner die militärischen Truppen; schließlich werden die unsterblichen Götter diesem unbesiegbaren Volk, diesem hochberühmten Imperium, dieser wunderschönen Stadt durch ihre persönliche Gegenwart Hilfe gegen die so große Gewalt des Verbrechens bringen. Gesetzt aber, sie hätten schon erreicht, was sie in ihrem bodenlosen Wahnwitz begehren, hoffen sie etwa dann, mitten in der Asche der Stadt und im Blut der Bürger – das begehrten sie ja in ihrem verbrecherischen und frevelhaften Sinn – Konsuln oder Diktatoren oder gar Könige zu werden? Sehen sie nicht, dass sie etwas wünschen, das von ihnen, kaum erlangt, notgedrungen irgendeinem entlaufenen Sklaven oder Gladiator abgetreten werden muss?

(20) Die dritte Gruppe ist schon vom Alter gezeichnet,[72] aber doch dank steter Übung noch rüstig. Hierher gehört dieser

Catilina succedit. Hi sunt homines ex iis coloniis, quas Sulla constituit; quas ego universas civium esse optimorum et fortissimorum virorum sentio, sed tamen hi sunt coloni, qui se *in** insperatis ac repentinis pecuniis sumptuosius insolentiusque iactarunt. Hi dum aedificant tamquam beati, dum raedis,** lecticis, familiis magnis, conviviis apparatis delectantur, in tantum aes alienum inciderunt, ut, si salvi esse velint, Sulla sit iis ab inferis excitandus: qui etiam nonnullos agrestîs homines tenuîs atque egentîs in eandem illam spem rapinarum veterum impulerunt. Quos ego utrosque in eodem genere praedatorum direptorumque pono, sed eos hoc moneo, desinant furere ac proscriptiones et dictaturas cogitare. Tantus enim illorum temporum dolor inustus est huic*** civitati, ut iam ista non modo homines, sed ne pecudes quidem mihi passurae esse videantur.

**10** (21) Quartum genus est sane varium et mixtum et turbulentum; qui iam pridem premuntur, qui numquam emergunt, qui partim inertia, partim male gerendo negotio, partim etiam sumptibus in vetere aere alieno vacillant, qui vadimoniis, iudiciis, proscriptione bonorum defetigati permulti et ex urbe et ex agris se in illa castra conferre dicuntur. Hosce ego non tam milites acrîs quam infitiatores lentos esse arbitror. Qui homines *quam***** primum, si stare non possunt, conruant, sed

* Zusatz von Ernesti.

** *Raedis, lecticis* Papyrus B (M., Dyck): *praediis lectis* Clark mit den meisten Handschriften und Herausgebern.

*** *Huic* erscheint nur im Papyrus B (M.; Dyck).

**** Zusatz von Halm.

Manlius, dem nun Catilina nachfolgt. Das sind Leute aus den von Sulla gegründeten Pflanzstädten. Dort wohnen, wie ich meine, insgesamt vorzügliche und sehr tapfere Männer, doch gibt es solche Kolonisten, die sich bei unverhofftem, plötzlichem Geldsegen allzu verschwenderisch und übermütig aufgeführt haben. Während sie der Baulust frönten, als wären sie reich, sich an Wagen, Sänften, zahlreichem Dienstpersonal, prächtig zugerüsteten Festtafeln erfreuten, haben sie sich so tief in Schulden gestürzt, dass sie, wenn sie gerettet sein wollten, Sulla aus dem Totenreich auferwecken müssten. Dieser Personenkreis hat auch einige bedürftige und notleidende Landbewohner aufgehetzt, sich die gleiche wohlbekannte Hoffnung auf eine Neuauflage der alten Raubzüge[73] zu machen. Beide Gruppen rechne ich zu derselben Art von Beutegeiern und Raubgesellen, ermahne sie aber, von ihrem Wahnwitz abzustehen und nicht auf Proskriptionen und Diktaturen zu rechnen. Denn der Schmerz jener Zeiten hat in unserer Bürgerschaft so tiefe Brandmale hinterlassen, dass, wie mir scheint, nicht nur kein menschliches Wesen, sondern nicht einmal Vieh sich eine solche Behandlung gefallen lassen wird.

**10** (21) Die vierte Gruppe ist sehr bunt, gemischt und verworren: Leute, die schon lange in Bedrängnis sind und nie auf einen grünen Zweig kommen, die teils aus Trägheit, teils wegen schlechter Geschäftsführung, teils wegen übertriebenen Aufwands in Schulden stecken und dadurch auf unsicheren Füßen stehen, die, erschöpft durch Vorladungen,[74] Gerichtsverhandlungen und Zwangsverkäufe, sich, wie es heißt, aus Stadt und Land in großer Zahl in jenes Lager begeben. Diese halte ich nicht so sehr für schneidige Soldaten als vielmehr für tranige Drückeberger. Diese Leute mögen, wenn sie sich nicht halten können, schnellstens zusammenbrechen, freilich ohne dass die Bürgerschaft, ja sogar die nächste Nachbarschaft es

ita, ut non modo civitas, sed ne vicini quidem proximi sentiant. Nam illud non intellego, quam ob rem, si vivere honeste non possunt, perire turpiter velint, aut cur minore dolore perituros se cum multis, quam si soli pereant, arbitrentur.

(22) Quintum genus est parricidarum, sicariorum denique omnium facinerosorum. Quos ego a Catilina non revoco; nam neque ab eo divelli possunt et pereant sane in latrocinio, quoniam sunt ita multi, ut eos carcer capere non possit. Postremum autem genus est non solum numero, verum etiam genere ipso atque vita quod proprium Catilinae est, de eius dilectu, immo vero de complexu eius ac sinu; quos pexo capillo, nitidos, aut imberbîs aut bene barbatos videtis, manicatis et talaribus tunicis, velis amictos, non togis; quorum omnis industria vitae et vigilandi labor in antelucanis cenis expromitur. (23) In his gregibus omnes aleatores, omnes adulteri, omnes impuri impudicique versantur. Hi pueri tam lepidi ac delicati non solum amare et amari neque saltare et cantare, sed etiam sicas vibrare et spargere venena didicerunt. Qui nisi exeunt, nisi pereunt, etiam si Catilina perierit, scitote hoc in re publica seminarium Catilinarum futurum. Verumtamen quid sibi isti miseri volunt? Num suas secum mulierculas sunt in castra ducturi? Quemadmodum autem illis carere poterunt, his praesertim iam noctibus? Quo autem pacto illi Appenninum atque illas pruinas ac nivîs perferent? Nisi idcirco se facilius hiemem toleraturos putant, quod nudi in conviis saltare didicerunt.

überhaupt wahrnimmt. Das verstehe ich nämlich nicht, warum sie, wenn sie nicht ehrbar leben können, in Schande zugrunde gehen wollen, oder warum sie der Meinung sind, es werde ihnen weniger Schmerzen bereiten, wenn sie zusammen mit vielen, als wenn sie allein zugrunde gehen.

(22) Die fünfte Gruppe besteht aus Verwandtenmördern,[75] Meuchelmördern, kurz: allerlei Verbrechern. Diese rufe ich von Catilina nicht zurück; lassen sie sich doch von ihm nicht trennen. Und so mögen sie denn in ihrem Räuberwesen zugrunde gehen, da sie ja so zahlreich sind, dass der Kerker[76] sie nicht fassen kann. – Die letzte Gruppe schließlich ist nicht nur der Zahl, sondern auch der Lebensart nach das eigentliche Gefolge Catilinas, von ihm persönlich auserkoren, ja sogar in seinen Armen, an seiner Brust gehegt: Ihr seht diese Bürschchen mit wohlfrisierter Haarpracht, glänzend, bartlos[77] – oder auch mit sehr gepflegtem Bart[78] – in knöchellangen Frauenkleidern[79] mit Ärmeln, in Schleiern statt Togen. Ihre gesamte Lebensarbeit und mühevolle Wachsamkeit entfaltet sich in Fressgelagen, die bis Sonnenaufgang dauern. (23) In diesen Scharen tummeln sich alle Würfelspieler, alle Ehebrecher, alle Schamlosen und Schandbuben. Studiert haben diese so netten und zärtlichen Jüngelchen nicht nur Singen und Tanzen, Lieben und Sich-lieben-lassen, sondern auch Dolcheschwingen und Giftverspritzen. Wenn diese nicht fort- oder untergehen, so wisset: Selbst wenn Catilina umkommt, wird dies in unserem Gemeinwesen die Pflanzschule catilinarischer Existenzen sein. Was aber wollen und sollen diese Jammerprinzen? Etwa ihre Dämchen ins Feldlager mitnehmen? Wie aber werden sie auf diese verzichten können, zumal jetzt in diesen Nächten?[80] Wie aber werden sie den Apennin samt seinem Raureif und Schnee ertragen? Es sei denn, sie meinen den Winter leichter überstehen zu können, weil sie bei ihren Gelagen gelernt haben, nackt zu tanzen.

**11** (24) O bellum magno opere pertimescendum, cum hanc sit habiturus Catilina scortorum cohortem praetoriam! Instruite nunc, Quirites, contra has tam praeclaras Catilinae copias vestra praesidia vestrosque exercitus. Et primum gladiatori illi confecto et saucio consules imperatoresque vestros opponite; deinde contra illam naufragorum eiectam ac debilitatam manum florem totius Italiae ac robur educite. Iam vero urbes coloniarum ac municipiorum respondebunt Catilinae tumulis silvestribus. Neque ego ceteras copias, ornamenta, praesidia vestra cum illius latronis inopia atque egestate conferre debeo. (25) Sed si, omissis his rebus, quibus nos suppeditamur, eget ille, senatu, equitibus Romanis, urbe, aerario, vectigalibus, cuncta Italia, provinciis omnibus, exteris nationibus, si his rebus omissis causas ipsas, quae inter se confligunt, contendere velimus, ex eo ipso, quam valde illi iaceant, intellegere possumus. Ex hac enim parte pudor pugnat, illinc petulantia; hinc pudicitia, illinc stuprum; hinc fides, illinc fraudatio; hinc pietas, illinc scelus; hinc constantia, illinc furor; hinc honestas, illinc turpitudo; hinc continentia, illinc libîdo; hinc denique aequitas, temperantia, fortitudo, prudentia, virtutes omnes certant cum iniquitate, luxuria, ignavia, temeritate, cum vitiis omnibus; postremo copia cum egestate, bona ratio cum perdita, mens sana cum amentia, bona denique spes cum omnium rerum desperatione confligit. In eiusmodi certamine ac proelio nonne, etiam si hominum studia deficiant, di ipsi immortales

11 (24) Oh was gibt das für einen furchterregenden Krieg, da Catilina solch einen Stab von Schätzchen um sich haben wird! Auf, ihr Quiriten! Stellt gegen diese so glorreichen Truppen Catilinas eure Wachen, eure Heere auf! Setzt an erster Stelle diesem erschöpften, angeschlagenen Gladiator eure Konsuln und Feldherren entgegen. Führt sodann gegen jene gestrandete und entnervte Schar von Schiffbrüchigen die Blüte, die Kernmannschaft Italiens ins Feld. Die befestigten Städte – Kolonien und Munizipien – werden schon die richtige Antwort auf Catilinas Waldschanzen[81] finden. Und ich brauche erst gar nicht eure sonstigen Machtmittel, eure Ausstattung, eure Schutztruppen mit der Ohnmacht und Armseligkeit jenes Räubers zu vergleichen. (25) Wenn aber, abgesehen von diesen Dingen, mit denen wir reichlich versehen sind und die ihm fehlen – dem Senat, den römischen Rittern, der Hauptstadt, der Staatskasse, den Steuern, dazu noch dem ganzen Italien, allen Provinzen, den auswärtigen Völkern –, wenn wir abgesehen von alledem die jeweilige *Sache* vergleichen wollen, die Werte, die miteinander im Kampfe stehen, können wir allein schon daraus ersehen, wie tief die Gegner unterlegen sind. Denn auf unserer Seite kämpft die Selbstachtung, dort aber die Frechheit; hier Schamhaftigkeit, dort Unzucht; hier Treue, dort Betrug; hier fromme Vaterlandsliebe,[82] dort Verbrechen; hier Standhaftigkeit, dort Raserei; hier Ehrbarkeit, dort Schimpf und Schande; hier Selbstbeherrschung, dort Zügellosigkeit; schließlich streiten hier Gerechtigkeit, Mäßigung, Tapferkeit, Klugheit[83] und alle Tugenden gegen Unrecht, Ausschweifung, Trägheit, Tollkühnheit samt allen Lastern; zuletzt noch Fülle gegen Armseligkeit, rechter Verstand gegen verlorenen Verstand, gesunde Vernunft gegen Wahnwitz, endlich die gute Hoffnung gegen die Verzweiflung an allem. In einem solchen Kampf und Wettstreit – werden da nicht, selbst wenn aller menschliche Einsatz versagt, die unsterblichen Götter

cogant ab his praeclarissimis virtutibus tot et tanta vitia superari?

**12** (26) Quae cum ita sint, Quirites, vos, quemadmodum iam ante dixi, vestra tecta custodiis vigiliisque defendite; mihi, ut urbi sine vestro metu ac sine ullo tumultu satis esset praesidî, consultum atque provisum est. Coloni omnes municipesque vestri certiores a me facti de hac nocturna excursione Catilinae facile urbîs suas finîsque defendent; gladiatores, quam sibi ille manum certissimam fore putavit, quamquam animo meliore sunt quam pars patriciorum, potestate tamen nostra continebuntur. Q. Metellus, quem ego hoc prospiciens in agrum Gallicum Picenumque praemisi, aut opprimet hominem aut eius omnîs motus conatusque prohibebit. Reliquis autem de rebus constituendis, maturandis, agendis iam ad senatum referemus, quem vocari videtis.

(27) Nunc illos, qui in urbe remanserunt atque adeo qui contra urbis salutem omniumque vestrum in urbe a Catilina relicti sunt, quamquam sunt hostes, tamen, quia nati sunt cives, monitos etiam atque etiam volo. Mea lenitas, adhuc si cui solutior visa est, hoc spectavit*, ut id, quod latebat, erumperet. Quod reliquum est, iam non possum oblivisci meam hanc esse patriam, me horum esse consulem, mihi aut cum his vivendum aut pro his esse moriendum. Nullus est portis custos, nullus insidiator viae: si qui exire volunt, conivere possum; qui vero se in urbe commoverit, cuius ego non modo factum sed vel inceptum ullum conatumve contra patriam deprehendero,

* *Spectavit* C (Bibl. Brit., olim Cluniacensis, 9. Jh.) V (Vossianus 10. Jh.) (akzeptiert von Haury): *exs-* die übrigen Handschriften und Herausgeber.

selbst erzwingen, dass so viele und so große Laster von diesen so herrlichen Tugenden besiegt werden?

**12** (26) Da die Dinge so liegen, beschirmt, Quiriten, wie gesagt, eure Häuser mit Wachen und Schutzleuten! Ich habe bedacht und dafür gesorgt, dass die Stadt hinreichend geschützt ist, ohne dass ihr euch aufzuregen oder gegen Unfrieden zu wappnen braucht. All eure Kolonisten und Mitbürger in Landstädten habe ich von diesem nächtlichen Auszug Catilinas in Kenntnis gesetzt, so werden sie ihre Städte und ihr Gebiet mühelos verteidigen. Die Gladiatoren, die er für seine sicherste Streitmacht hielt – immerhin ist ihre Gesinnung besser als die eines Teils der Patrizier –, werden dennoch durch meine Amtsgewalt gezügelt werden. Quintus Metellus, den ich vorsorglich in das gallische und picenische Gebiet vorausgeschickt habe, wird entweder diesen Menschen niederwerfen oder all seine Bewegungen und Unternehmungen verhindern. Was es sonst festzulegen, zu beschleunigen und ins Werk zu setzen gilt, werde ich gleich dem Senat vorlegen, der, wie ihr seht, gerade einberufen wird.

(27) Die in der Stadt Verbliebenen – genauer diejenigen, die Catilina zum Unheil des Gemeinwesens und unser aller in der Stadt zurückgelassen hat – sind zwar Feinde, doch will ich sie, weil sie Bürger sind, zu wiederholten Malen ermahnt wissen. Falls meine Milde bisher irgendeinem zu schlaff erschienen ist, so diente sie nur dem Zweck, was verborgen war, ans Licht hervorbrechen zu lassen. Was das Weitere betrifft, so kann ich jetzt nicht länger vergessen, dass dies mein Vaterland ist, dass ich der Konsul dieser Bürger bin, dass ich entweder mit diesen leben oder für sie sterben muss. An den Toren steht kein Wächter, an der Straße lauert kein Hinterhalt: Wenn irgendwelche hinausgehen wollen, kann ich ein Auge zudrücken. Wer sich aber in der Stadt auch nur zu rühren wagt, von dem ich nicht nur eine Tat, sondern auch nur ein Vorhaben oder einen An-

sentiet in hac urbe esse consules vigilantîs, esse egregios magistratus, esse fortem senatum, esse arma, esse carcerem, quem vindicem nefariorum ac manifestorum scelerum maiores nostri esse voluerunt.

**13** (28) Atque haec omnia sic agentur, ut maximae res minimo motu, pericula summa nullo tumultu, bellum intestinum ac domesticum post hominum memoriam crudelissimum et maximum me uno togato duce et imperatore sedetur. Quod ego sic administrabo, Quirites, ut, si ullo modo fieri poterit, ne improbus quidem quisquam in hac urbe poenam sui sceleris sufferat. Sed si vis manifestae audaciae, si impendens patriae periculum me necessario de hac animi lenitate deduxerit, illud profecto perficiam, quod in tanto et tam insidioso bello vix optandum videtur, ut neque bonus quisquam intereat paucorumque poena vos omnes salvi esse possitis. (29) Quae quidem ego neque mea prudentia neque humanis consiliis fretus polliceor vobis, Quirites, sed multis et non dubiis deorum immortalium significationibus, quibus ego ducibus in hanc spem sententiamque sum ingressus; qui iam non procul, ut quondam solebant, ab externo hoste atque longinquo, sed hic praesentes suo numine atque auxilio sua templa atque urbis tecta defendunt. Quos vos, Quirites, precari, venerari, implorare debetis, ut, quam urbem pulcherrimam florentissimam potentissimamque esse voluerunt, hanc omnibus hostium copiis terra marique superatis a perditissimorum civium nefario scelere defendant.

schlag gegen das Vaterland zu fassen bekomme, wird spüren müssen, dass es in dieser Stadt wachsame Konsuln, hervorragende Beamte, einen tatkräftigen Senat, Waffen und einen Kerker[84] gibt, von dem unsere Vorfahren wollten, er solle ein Ort der Vergeltung für frevelhafte und erwiesene Verbrechen sein.

**13** (28) Und all dies wird so ins Werk gesetzt werden, Quiriten, dass ein hoch bedeutendes Geschehen mit der geringsten Unruhe, die größte Gefahr ohne Tumult, der grausamste und größte Bürgerkrieg und innere Zwist seit Menschengedenken von mir allein, dem Vertreter der Zivilgewalt,[85] als Anführer und Feldherrn beschwichtigt wird. Das werde ich so einrichten, Quiriten, dass, wenn irgend möglich, kein Einziger dieser Ruchlosen die Strafe für sein Verbrechen innerhalb dieser Stadt erleiden muss. Wenn aber die Gewalt offenkundigen Aufruhrs, wenn die unserem Gemeinwesen drohende Gefahr mich zwangsläufig von dieser milden Gesinnung abbringt, werde ich in der Tat das vollziehen, was man sich in einem so gewaltigen, so tückischen Krieg wohl kaum wünschen darf: Einerseits soll kein Gutgesinnter untergehen, andererseits soll die Bestrafung einiger Weniger euch allen Rettung bringen. (29) Dies verspreche ich euch im Vertrauen nicht auf meine kluge Voraussicht, noch überhaupt auf menschliches Planen, sondern auf viele unanfechtbare Zeichen der unsterblichen Götter, unter deren Führung ich diese Hoffnung und Überzeugung gewonnen habe. Die Götter kämpfen jetzt nicht mehr wie sonst weit draußen gegen einen auswärtigen, fernen Feind, sondern sind hier persönlich gegenwärtig und verteidigen ihre Tempel und die Dächer der Stadt mit ihrer hilfreichen Macht. Sie müsst ihr bitten, verehren, anflehen, sie mögen die Stadt, die nach ihrem Willen die schönste, blühendste und mächtigste sein soll, jetzt, da alle feindlichen Truppen zu Land und zu Wasser besiegt sind, vor dem frevelhaften Verbrechen der verworfensten Bürger schützen.

# Oratio tertia

**1** (1) Rem publicam, Quirites, vitamque omnium vestrum, bona, fortunas, coniuges liberosque vestros atque hoc domicilium clarissimi imperî, fortunatissimam pulcherrimamque urbem, hodierno die deorum immortalium summo erga vos amore, laboribus, consiliis, periculis meis e flamma atque ferro ac paene ex faucibus fati ereptam et vobis conservatam ac restitutam videtis. (2) Et si non minus nobis iucundi atque inlustres sunt ii dies, quibus conservamur, quam illi, quibus nascimur, quod salutis certa laetitia est, nascendi incerta condicio et quod sine sensu nascimur, cum voluptate servamur, profecto, quoniam illum, qui hanc urbem condidit ad deos immortalîs benivolentia famaque sustulimus, esse apud vos posterosque vestros in honore debebit is, qui eandem hanc urbem conditam amplificatamque servavit. Nam toti urbi, templis, delubris, tectis ac moenibus subiectos prope iam ignîs circumdatosque restinximus, îdemque gladios in rem publicam destrictos rettudimus mucronesque eorum a iugulis vestris deiecimus. (3) Quae quoniam in senatu inlustrata, patefacta, comperta sunt per me, vobis iam exponam breviter, Quirites, ut, et quanta et quam manifesta et qua ratione investigata et comprehensa sint, vos, qui et ignoratis et exspectatis, scire possitis.

Principio, ut Catilina paucis ante diebus erupit ex urbe, cum

## Die dritte Rede

**1** (1) Das Gemeinwesen, Quiriten, euer aller Leben, Güter und Vermögen, Frauen und Kinder sowie diese Heimstätte des hochberühmten Imperiums, die mit Glück und Schönheit reich gesegnete Stadt, seht ihr heute dank der überschwänglichen Liebe der unsterblichen Götter zu euch – durch mein Mühen, mein Planen, meine Lebensgefahr – dem Feuer und Schwert, ja geradezu dem Rachen des Verhängisses entrissen, für euch gerettet und euch neu geschenkt. (2) Und wenn für uns die Tage, an denen wir gerettet werden, nicht weniger lieblich und strahlend sind als diejenigen, an denen wir geboren werden – beruht doch die Freude über Rettung auf einer Gewissheit, während bei der Geburt das Los ungewiss ist, und wir erleben die Geburt ohne Bewusstsein, die Rettung aber mit Glücksgefühl –, so muss in der Tat, da wir ja den Gründer dieser Stadt in dankbarer Gesinnung und rühmendem Gedenken zu den unsterblichen Göttern erhoben haben,[86] bei euch und euren Nachkommen derjenige in Ehren und Ansehen stehen, der ebendiese Stadt nach ihrer Gründung und Erweiterung gerettet hat. Erstickt haben wir nämlich die Feuerbrände, die an unsere ganze Stadt, an Tempel, Heiligtümer, Häuser und Mauern und rings um sie schon beinahe gelegt waren, stumpf geschlagen die Schwerter, die gegen das Gemeinwesen gezückt waren, abgewehrt die feindlichen Dolche von euren Kehlen. (3) Da diese Ereignisse von mir im Senat aufgeklärt, offengelegt, erwiesen worden sind, will ich sie euch, Quiriten, die ihr sie noch nicht kennt und darauf gespannt seid, jetzt kurz darlegen, damit ihr wissen könnt, wie bedeutend und wie offenkundig sie sind und auf welche Weise man sie erforscht und in Erfahrung gebracht hat.

Um damit anzufangen: Sobald Catilina vor wenigen Tagen aus der Stadt hinausgestürmt war – wobei er aber die Genos-

sceleris sui socios huiusce nefarii belli acerrimos duces Romae reliquisset, semper vigilavi et providi, Quirites, quemadmodum in tantis et tam absconditis insidiis salvi esse possemus.
**2** Nam tum cum ex urbe Catilinam eiciebam – non enim iam vereor huius verbi invidiam, cum illa magis sit timenda, quod vivus exierit –, sed tum, cum illum exterminari volebam, aut reliquam coniuratorum manum simul exituram aut eos, qui restitissent, infirmos sine illo ac debilîs fore putabam. (4) Atque ego ut vidi, quos maximo furore et scelere esse inflammatos sciebam, eos nobiscum esse et Romae remansisse, in eo omnîs dies noctesque consumpsi, ut, quid agerent, quid molirentur, sentirem ac viderem, ut, quoniam auribus vestris propter incredibilem magnitudinem sceleris minorem fidem faceret oratio mea, rem ita comprehenderem, ut tum demum animis saluti vestrae provideretis, cum oculis maleficium ipsum videretis. Itaque ut comperi legatos Allobrogum belli Transalpini et tumultus Gallici excitandi causa a P. Lentulo esse sollicitatos, eosque in Galliam ad suos civîs eodemque itinere cum litteris mandatisque ad Catilinam esse missos, comitemque iis adiunctum esse T. Volturcium, atque huic esse ad Catilinam datas litteras, facultatem mihi oblatam putavi, ut – quod erat difficillimum quodque ego semper optabam ab dis immortalibus – ut tota res non solum a me, sed a senatu et a vobis manifesta deprenderetur. (5) Itaque hesterno die L. Flac-

sen seines Verbrechens, die eifrigsten Rädelsführer dieses frevelhaften Krieges, in Rom zurückgelassen hatte –, war ich daher ständig wachsam und besorgt, Quiriten, wie wir inmitten so gefährlicher und versteckter Nachstellungen Rettung finden könnten. **2** Damals nämlich, als ich Catilina aus der Stadt hinauswerfen wollte – denn ich fürchte keine Anfeindung mehr wegen dieses Wortes, da eine solche eher zu befürchten ist, weil er lebend hinausging –, aber damals, als ich ihn entfernt wissen wollte, glaubte ich, entweder werde die übrige Verschwörerschar mit ihm ziehen, oder die Zurückgebliebenen würden ohne ihn geschwächt und machtlos sein. (4) Sobald ich jedoch sehen musste, dass gerade diejenigen noch unter uns weilten und in Rom geblieben waren, die, wie ich wusste, am schlimmsten von der verbrecherischen Raserei erfasst waren, verwendete ich alle Tage und Nächte darauf, aufzuspüren und zu Gesicht zu bekommen, was sie trieben, was sie im Schilde führten. Da nun meine Rede wegen der unglaublichen Größe des Verbrechens euch beim bloßen Anhören weniger überzeugen würde, suchte ich den Sachverhalt so zu erfassen, dass ihr dann endlich mit innerer Überzeugung für eure Rettung Vorsorge trefft, wenn ihr die Untat selbst mit eigenen Augen seht. Kaum hatte ich erfahren, Publius Lentulus[87] habe die Gesandten der Allobroger[88] aufgehetzt, einen transalpinen Krieg und in ⟨dem cisalpinen⟩[89] Gallien einen Landfriedensbruch anzuzetteln, und man habe diese nach Gallien zu ihren Mitbürgern und auf demselben Reiseweg mit Briefen und Aufträgen an Catilina geschickt, ferner ihnen als Begleiter den Titus Volturcius beigesellt und diesem Briefe an Catilina mitgegeben, da glaubte ich, mir biete sich die Gelegenheit – und das war das Schwierigste und zugleich mein ständiger Wunsch von den unsterblichen Göttern! –, nämlich, dass der ganze Sachverhalt nicht nur von mir, sondern auch vom Senat und von euch öffentlich aufgedeckt würde. (5) Da-

cum et C. Pomptinum praetores, fortissimos atque amantissimos rei publicae viros, ad me vocavi, rem exposui, quid fieri placeret, ostendi. Illi autem, qui omnia de re publica praeclara atque egregia sentirent, sine recusatione ac sine ulla mora negotium susceperunt et, cum advesperasceret, occulte ad pontem Mulvium pervenerunt atque ibi in proximis villis ita bipertito fuerunt, ut Tiberis inter eos et pons interesset. Eodem autem et ipsi sine cuiusquam suspicione multos fortîs viros eduxerant, et ego ex praefectura Reatina complurîs delectos adulescentîs, quorum opera utor adsidue in rei publicae praesidio, cum gladiis miseram. (6) Interim tertia fere vigilia exacta, cum iam pontem Mulvium magno comitatu legati Allobrogum* ingredi inciperent unaque Volturcius, fit in eos impetus; educuntur et ab illis gladii et a nostris. Res praetoribus erat nota solis, ignorabatur a ceteris.

**3** Tum interventu Pomptini atque Flacci pugna, quae erat commissa, sedatur. Litterae, quaecumque erant in eo comitatu, integris signis praetoribus traduntur; ipsi comprehensi ad me, cum iam dilucesceret, deducuntur. Atque horum omnium scelerum improbissimum machinatorem, Cimbrum Gabinium, statim ad me nihil dum suspicantem vocavi; deinde item accersitus est L. Statilius et post eum C. Cethegus; tardissime autem Lentulus venit, credo quod in litteris dandis praeter consuetudinem proxima nocte vigilarat. (7) Cum summis et clarissimis huius civitatis viris, qui audita re frequentes ad me

* *Allobrogum* γ: *-es* αβ (M.).

her ließ ich gestern die Prätoren Lucius Flaccus und Gaius Pomptinus, überaus tüchtige und vaterlandsliebende Männer, zu mir rufen, erläuterte die Lage und gab Weisung, was nach meinem Willen zu tun war. Bei ihrer edlen und vornehmen Einstellung zu allem, was unser Gemeinwesen angeht, übernahmen sie die Aufgabe ohne Ausreden und ohne den geringsten Verzug: Als es Abend wurde, gelangten sie heimlich an die Milvische Brücke,[90] bildeten zwei getrennte Abteilungen und stationierten sich auf den nächstgelegenen Landgütern so, dass der Tiber und die Brücke zwischen ihnen lagen. Ebendorthin hatten sie, ohne dass jemand Verdacht schöpfte, viele beherzte Männer geführt, und auch ich selbst hatte aus der Reatiner[91] Präfektur zahlreiche auserlesene junge Leute, deren Tüchtigkeit ich ständig zum Schutz des Gemeinwesens in Anspruch nehme, mit Schwertern bewaffnet dorthin geschickt. (6) Als inzwischen etwa die dritte Nachtwache[92] verstrichen war und die Gesandten der Allobroger mit großem Gefolge die Brücke zu betreten begannen – und mit ihnen Volturcius –, erfolgt der Angriff; sie ziehen die Schwerter; unsere Leute ebenfalls. Das Ganze war allein den Prätoren, sonst niemandem bekannt.

3 Hierauf greifen Pomptinus und Flaccus ein und gebieten dem begonnenen Gefecht Einhalt. Alle Briefe, die sich bei jenem Gefolge fanden, werden den Prätoren mit unverletztem Siegel übergeben. Die Festgenommenen führt man mir vor, als es schon zu tagen begann. Und den schlimmsten Drahtzieher all dieser Verbrechen, den Cimber Gabinius[93], der noch keinerlei Verdacht hegte, ließ ich sofort zu mir rufen; hierauf holte man ebenso Lucius Statilius und nach ihm Gaius Cethegus.[94] Am spätesten aber kam Lentulus, vermutlich weil er entgegen seiner Gewohnheit die vorige Nacht zur Ausfertigung seiner Briefe durchwacht hatte.[95] (7) Obwohl nun die vornehmsten und angesehensten Männer unseres Staates, die von dem Er-

mane convenerant, litteras a me prius aperiri quam ad senatum deferri placeret, ne, si nihil esset inventum, temere a me tantus tumultus iniectus civitati videretur, negavi me esse facturum, ut de periculo publico non ad consilium publicum rem integram deferrem. Etenim, Quirites, si ea, quae erant ad me delata, reperta non essent, tamen ego non arbitrabar in tantis rei publicae periculis esse mihi nimiam diligentiam pertimescendam.

Senatum frequentem celeriter, ut vidistis, coegi. (8) Atque interea statim admonitu Allobrogum C. Sulpicium praetorem, fortem virum, misi, qui ex aedibus Cethegi, si quid telorum esset, efferret; ex quibus ille maximum sicarum numerum et gladiorum extulit. 4 Introduxi Volturcium sine Gallis; fidem publicam iussu senatus dedi; hortatus sum, ut ea, quae sciret, sine timore indicaret. Tum ille dixit, cum vix se ex magno timore recreasset, a P. Lentulo se habere ad Catilinam mandata et litteras, ut servorum praesidio uteretur, ut ad urbem quam primum cum exercitu accederet; id autem eo consilio, ut, cum urbem ex omnibus partibus, quemadmodum descriptum distributumque erat, incendissent caedemque infinitam civium fecissent, praesto esset ille, qui et fugientîs exciperet et se cum his urbanis ducibus coniungeret.

(9) Introducti autem Galli ius iurandum sibi et litteras ab Lentulo, Cethego, Statilio ad suam gentem datas esse dixe-

eignis gehört und sich am frühen Morgen in großer Zahl bei mir eingefunden hatten, es für richtig hielten, ich solle die Briefe öffnen, bevor ich sie dem Senat vorlege, damit – falls nichts gefunden würde – es nicht so aussähe, als hätte ich die Bürgerschaft leichtsinnig in so große Aufregung versetzt, erklärte ich, ich könne es nicht dahin kommen lassen, einen Fall, der Gefahr für das Gemeinwesen bedeute, dem Senat des Gemeinwesens nicht völlig unangetastet vorzulegen. Falls nämlich, Quiriten, was mir angezeigt worden war, sich nicht bestätigen sollte, glaubte ich dennoch nicht, bei so großer Gefahr für das Gemeinwesen den Vorwurf übermäßiger Gewissenhaftigkeit scheuen zu müssen.

Den Senat rief ich eilends zusammen, und – ihr habt es gesehen – er fand sich in großer Zahl ein. (8) Einstweilen schickte ich sogleich auf Anraten der Allobroger den tüchtigen Prätor Gaius Sulpicius, um aus dem Hause des Cethegus alle etwaigen Waffen holen zu lassen; von dort brachte er eine sehr große Menge Dolche und Schwerter mit. **4** Vorführen ließ ich Volturcius ohne die Gallier, sicherte ihm im Namen des Senats Straflosigkeit[96] zu und forderte ihn auf, alles, was er wisse, ohne Furcht anzuzeigen. Kaum hatte sich dieser von seinem großen Schrecken erholt, erklärte er, er habe von Publius Lentulus Aufträge und Briefe an Catilina, dieser solle sich des Beistands der Sklaven bedienen, um möglichst bald mit dem Heer an die Stadt heranzurücken, und zwar in folgender Absicht: Nachdem sie – entsprechend dem Plan und der Rollenverteilung – die Stadt von allen Seiten angezündet und unter den Bürgern ein grenzenloses Blutbad angerichtet hätten, sollte jener bereitstehen, um Fliehende abzufangen und sich mit den in der Stadt befindlichen Anführern zu verbinden.

(9) Darauf wurden die Gallier vorgeführt und sagten aus, Publius Lentulus, Cethegus und Statilius hätten ihrem Volk einen Eid geschworen und Briefe gesandt. Diese Männer und

runt, atque ita sibi ab his et a L. Cassio esse praescriptum, ut equitatum in Italiam quam primum mitterent; pedestrîs sibi copias non defuturas. Lentulum autem sibi confirmasse ex fatis Sibyllinis haruspicumque responsis se esse tertium illum Cornelium, ad quem regnum huius urbis atque imperium pervenire esset necesse: Cinnam ante se et Sullam fuisse. Eundemque dixisse fatalem hunc annum esse ad interitum huius urbis atque imperî, qui esset annus decimus post virginum absolutionem, post Capitolî autem incensionem vicesimus. (10) Hanc autem Cethego cum ceteris controversiam fuisse dixerunt, quod Lentulo et aliis Saturnalibus caedem fieri atque urbem incendi placeret, Cethego nimium id longum videretur.

5 Ac, ne longum sit, Quirites, tabellas proferri iussimus, quae a quoque dicebantur datae. Primo ostendimus Cethego: signum cognovit. Nos linum incidimus; legimus. Erat scriptum ipsius manu Allobrogum senatui et populo sese, quae eorum legatis confirmasset, facturum esse; orare, ut item illi facerent, quae sibi eorum legati recepissent. Tum Cethegus, qui paulo ante aliquid tamen de gladiis ac sicis, quae apud ipsum erant deprehensa, respondisset dixissetque se semper bonorum ferramentorum studiosum fuisse, recitatis litteris debilitatus atque abiectus conscientia repente conticuit. Introductus est Statilius. Cognovit et signum et manum suam. Recitatae sunt tabellae in eandem fere sententiam; confessus est. Tum ostendi tabellas Lentulo et quaesivi, cognosceretne signum. Adnuit. »Est vero« inquam »notum quidem signum, imago avi

Lucius Cassius[97] hätten ihnen vorgeschrieben, baldmöglichst Reiterei nach Italien zu schicken; an Fußtruppen werde es ihnen nicht fehlen. Lentulus aber habe ihnen gegenüber versichert, er sei auf Grund der Sibyllinischen Bücher[98] und der Gutachten der Eingeweideschauer jener »dritte Cornelius«, dem notwendigerweise die Königsherrschaft über diese Stadt und das Imperium zuteil werden müsse: seine beiden Vorgänger seien Cinna und Sulla[99] gewesen. Derselbe Lentulus habe erklärt, dieses Jahr sei vom Schicksal für den Untergang der Stadt und des Reiches bestimmt, nämlich das zehnte Jahr nach dem Freispruch der Jungfrauen[100] und das zwanzigste nach dem Brand des Capitols.[101] (10) Ferner sagten sie, Folgendes sei ein Streitpunkt zwischen Cethegus und den Übrigen gewesen: Lentulus und andere waren dafür, das Blutbad und der Brand der Stadt solle an den Saturnalien[102] stattfinden, während dem Cethegus diese Frist zu lang schien.

**5** Um es kurz zu machen, Quiriten: Ich[103] ließ die Briefe[104] vorlegen, die von den einzelnen Verschwörern stammen sollten. Zuerst zeigten wir sie dem Cethegus. Er erkannte sein Siegel an. Ich durchschnitt das Band und las vor. Eigenhändig hatte er an Senat und Volk der Allobroger geschrieben, er werde ausführen, was er ihren Gesandten bestätigt habe; er bitte sie, ihrerseits zu tun, was ihre Gesandten ihm gegenüber zugesagt hätten. Cethegus aber, der kurz zuvor bezüglich der Schwerter und Dolche, die bei ihm beschlagnahmt worden waren, etwas verlautbart hatte, nämlich, er sei schon immer ein Liebhaber guter Metallarbeiten gewesen, verstummte nach Verlesung des Briefes plötzlich, niedergeschlagen und von Schuldbewusstsein übermannt. Vorgeführt wurde Statilius; er erkannte sein Siegel und seine Handschrift an. Man las seinen etwa gleich lautenden Brief vor. Er gestand. Darauf zeigte ich Lentulus dessen Schreiben und fragte, ob er das Siegel erkenne. Er bejahte. »Es ist wahrhaftig ein bekanntes Siegel«, sagte ich hier-

tui, clarissimi viri, qui amavit unice patriam et civîs suos; quae quidem te a tanto scelere etiam muta revocare debuit.« (11) Leguntur eadem ratione ad senatum Allobrogum populumque litterae. Si quid de his rebus dicere vellet, feci potestatem. Atque ille primo quidem negavit; post autem aliquanto, toto iam indicio exposito atque edito, surrexit, quaesivit a Gallis, quid sibi esset cum iis, quam ob rem domum suam venissent, itemque a Volturcio. Qui cum illi breviter constanterque respondissent, per quem ad eum quotiensque venissent, quaesissentque ab eo, nihilne secum esset de fatis Sibyllinis locutus, tum ille subito scelere demens, quanta conscientiae vis esset, ostendit. Nam cum id posset infitiari, repente praeter opinionem omnium confessus est. Ita eum non modo ingenium illud et dicendi exercitatio, qua semper valuit, sed etiam propter vim sceleris manifesti atque deprehensi impudentia, qua superabat omnîs, improbitasque defecit. (12) Volturcius vero subito litteras proferri atque aperiri iubet, quas sibi a Lentulo ad Catilinam datas esse dicebat. Atque ibi vehementissime perturbatus Lentulus tamen et signum et manum suam cognovit. Erant autem sine nomine, sed ita: »Quis sim, scies ex eo, quem ad te misi. Cura, ut vir sis, et cogita, quem in locum sis progressus. Vide, ecquid* tibi iam sit necesse, et cura, ut omnium tibi auxilia adiungas, etiam infimorum.« Gabinius deinde introductus, cum primo impudenter respondere coepisset, ad

* *Vide, ecquid* Halm: *vide et quid* αβ: *et vide quid* γ (M.).

auf, »das Bildnis deines erlauchten Großvaters,[105] der sein Vaterland und seine Mitbürger über alles liebte. Es hätte dich von einem so schweren Verbrechen, obwohl es nicht reden kann, zurückhalten sollen.« (11) Man verliest den Brief, der in gleichem Sinne an Senat und Volk der Allobroger gerichtet ist. Ich gab ihm Gelegenheit, dazu Stellung zu nehmen. Zunächst lehnte er ab; etwas später aber, als die ganze Anzeige ausgeführt und zu Protokoll gegeben war, stand er auf, fragte die Gallier, was er mit ihnen zu tun habe und warum sie in sein Haus gekommen seien. Die gleiche Frage richtete er an Volturcius. Nachdem ihm diese kurz und mit Festigkeit geantwortet hatten, durch wessen Vermittlung und wie oft sie zu ihm gekommen waren, und gefragt hatten, ob er vor ihnen nichts über die Sibyllinischen Schicksalssprüche geäußert habe, verlor er plötzlich, von Schuldbewusstsein übermannt, den Kopf und zeigte, wie groß die Macht des Gewissens ist. Denn obwohl er dies hätte leugnen können, legte er plötzlich, für alle ganz unerwartet, ein Geständnis ab. So ließ ihn nicht nur seine bekannte Begabung und Redegewandtheit im Stich, die doch sonst immer seine Stärke war; weil sein Verbrechen so offenkundig und so schlagend erwiesen war, versagten ihm sogar seine Unverschämtheit, worin er alle übertraf, und seine Niedertracht den Dienst. (12) Volturcius aber verlangte plötzlich, den Brief vorlegen und öffnen zu lassen, den ihm, wie er sagte, Lentulus an Catilina mitgegeben hatte. Und da erkannte Lentulus trotz seiner überreizten Verwirrung dennoch sein Siegel und seine Handschrift an. Der Brief enthielt den Namen nicht, lautete aber so: »Wer ich bin, wirst du von dem erfahren, den ich zu dir geschickt habe. Sei ein Mann und bedenke, wie weit du gegangen bist: Sieh zu, was dir jetzt nottut, und sorge dafür, dass du für dich die Hilfe aller gewinnst, auch der Niedrigsten[106].« Darauf wurde Gabinius vorgeführt: Obwohl er sich zunächst darauf verlegt hatte, unverschämt zu antwor-

extremum nihil ex iis, quae Galli insimulabant, negavit. (13) Ac mihi quidem, Quirites, cum illa certissima visa sunt argumenta atque indicia sceleris, tabellae, signa, manus, denique uniuscuiusque confessio, tum multo certiora illa, color, oculi, voltus, taciturnitas. Sic enim obstupuerant, sic terram intuebantur, sic furtim nonnumquam inter sese adspiciebant, ut non iam ab aliis indicari sed indicare se ipsi viderentur.

**6** Indiciis expositis atque editis, Quirites, senatum consului de summa re publica quid fieri placeret. Dictae sunt a principibus acerrimae ac fortissimae sententiae, quas senatus sine ulla varietate est secutus. Et quoniam nondum est perscriptum senatus consultum, ex memoria vobis, Quirites, quid senatus censuerit, exponam. (14) Primum mihi gratiae verbis amplissimis aguntur, quod virtute, consilio, providentia mea res publica maximis periculis sit liberata. Deinde L. Flaccus et C. Pomptinus praetores, quod eorum opera forti fidelique usus essem, merito ac iure laudantur. Atque etiam viro forti, conlegae meo, laus impertitur, quod eos, qui huius coniurationis participes fuissent, a suis et a rei publicae consiliis removisset. Atque ita censuerunt, ut P. Lentulus, cum se praetura abdicasset, in custodiam traderetur; itemque, uti C. Cethegus, L. Statilius, P. Gabinius, qui omnes praesentes erant, in custodiam traderentur; atque idem hoc decretum est in L. Cassium, qui sibi procurationem incendendae urbis depoposcerat, in M. Ce-

ten, leugnete er zum Schluss nichts von dem, was ihm die Gallier vorwarfen. (13) Und sehr überzeugend schienen mir zwar alle Beweise und Indizien des Verbrechens – Briefe, Siegel, Schriftzüge, schließlich das Geständnis jedes Einzelnen –, noch viel überzeugender aber die Gesichtsfarbe, die Blicke, das Mienenspiel, das Schweigen. Denn so bestürzt waren sie, so schauten sie zu Boden, so verstohlene Blicke warfen sie einander manchmal zu, dass es nicht mehr den Anschein hatte, sie würden von anderen angezeigt, sondern als zeigten sie sich selbst an.

**6** Nachdem die Aussagen gemacht und zu Protokoll gegeben waren, befragte ich den Senat, was zum höchsten Wohl von Staat und Verfassung zu geschehen habe. Die führenden Männer[107] gaben sehr entschiedene und mutige Stellungnahmen ab, denen der Senat ohne jede Abweichung folgte. Und da ja der Senatsbeschluss noch nicht schriftlich niedergelegt ist, will ich euch aus dem Gedächtnis darlegen, Quiriten, was der Senat für richtig hielt. (14) Zuerst wird mir mit höchst ehrenvollen Worten dafür gedankt, dass durch meine Tatkraft, Entschlossenheit und Vorsorge das Gemeinwesen von der größten Gefahr befreit worden ist. Hierauf werden die Prätoren Lucius Flaccus und Gaius Pomptinus mit Fug und Recht dafür belobigt, dass ich mich ihres zuverlässigen und treuen Einsatzes bedienen konnte. Und auch meinem tüchtigen Kollegen[108] wird dafür Lob zuteil, dass er die Teilnehmer der Verschwörung von seinen Entschlüssen und denen des Gemeinwesens ferngehalten habe. Ferner beschloss man, Publius Lentulus solle als Prätor zurücktreten[109] und danach in Gewahrsam genommen werden.[110] Ebenso sollten Gaius Cethegus, Lucius Statilius und Publius Gabinius, die alle anwesend waren, in Gewahrsam genommen werden; das Gleiche wurde auch gegen Lucius Cassius verfügt, der für sich die Oberhoheit über die Verbrennung der Stadt gefordert hatte, sowie gegen Mar-

parium, cui ad sollicitandos pastores Apuliam attributam esse erat indicatum; in P. Furium, qui est ex iis colonis, quos Faesulas L. Sulla deduxit, in Q. Annium Chilonem, qui una cum hoc Furio semper erat in hac Allobrogum sollicitatione versatus, in P. Umbrenum, libertinum hominem, a quo primum Gallos ad Gabinium perductos esse constabat. Atque ea lenitate senatus est usus, Quirites, ut ex tanta coniuratione tantaque hac multitudine domesticorum hostium novem hominum perditissimorum poena re publica conservata reliquorum mentîs sanari posse arbitraretur.

(15) Atque etiam supplicatio dis immortalibus pro singulari eorum merito meo nomine decreta est, quod mihi primum post hanc urbem conditam togato contigit, et his decreta verbis est: »quod urbem incendiis, caede civîs, Italiam bello liberassem.« Quae supplicatio si cum ceteris supplicationibus conferatur, hoc interest, quod ceterae bene gesta, haec una conservata re publica constituta est. Atque illud, quod faciendum primum fuit, factum atque transactum est. Nam P. Lentulus, quamquam patefactis indiciis et confessionibus suis, iudicio senatus non modo praetoris ius, verum etiam civis amiserat, tamen magistratu se abdicavit, ut quae religio C. Mario, clarissimo viro, non fuerat, quominus C. Glauciam, de quo nihil nominatim erat decretum, praetorem occideret, ea nos religione in privato P. Lentulo puniendo liberaremur.

7 (16) Nunc quoniam, Quirites, conscelerattissimi periculo-

cus Ceparius, dem (wie man angezeigt hatte) Apulien zugeschlagen worden war, um dort die Hirten aufzuhetzen; desgleichen gegen Publius Furius, der zu den von Lucius Sulla in Faesulae angesiedelten Kolonisten zählt, gegen Quintus Annius Chilo, der sich zusammen mit diesem Furius ständig mit der gegenwärtigen Aufwiegelung der Allobroger befasst hatte, und gegen den Freigelassenen Publius Umbrenus, der nachweislich als Erster die Gallier zu Gabinius geführt hatte. Und solche Milde hat der Senat walten lassen, Quiriten, dass er der Meinung war, der Staat sei gerettet, wenn aus einer so großen Verschwörung und dieser Menge von Feinden nur die neun schlimmsten Verbrecher bestraft würden, dass er die Gesinnung der Übrigen aber für heilbar hielt.

(15) Ferner wurde den unsterblichen Göttern für ihr einzigartiges Verdienst um meinetwillen ein Dankfest zuerkannt, eine Ehrung, die seit Gründung der Stadt mir als erstem Zivilbeamten[111] zuteil geworden ist. Der Beschluss hat folgenden Wortlaut: »dafür, dass ich die Stadt vor Brandanschlägen, die Bürger vor Ermordung und Italien vor Krieg bewahrt habe.« Vergleicht man dieses Dankfest mit den übrigen, so besteht der Unterschied darin, dass die übrigen für gute Verwaltung, dieses aber für Rettung des Gemeinwesens beschlossen wurde. Somit ist, was als Erstes zu tun war, getan und erledigt. Publius Lentulus nämlich hatte zwar durch die vorgeführten Beweise und durch seine eigenen Geständnisse nach dem Urteil des Senats nicht nur die Rechte des Prätors, sondern auch das Bürgerrecht verloren – doch verzichtete er trotzdem ausdrücklich auf sein Amt. Wenn wir also den Publius Lentulus als Privatmann bestrafen, sind wir von dem Bedenken befreit, das der hochberühmte Gaius Marius nicht beachtet hat, als er den Gaius Glaucia,[112] über den es keinen Beschluss mit Namensnennung gab, als amtierenden Prätor töten ließ.

7 (16) Da ihr nun, Quiriten, die verbrecherischen Anführer

sissimique belli nefarios duces captos iam et comprehensos tenetis, existimare debetis omnîs Catilinae copias, omnîs spes atque opes his depulsis urbis periculis concidisse. Quem quidem ego cum ex urbe pellebam, hoc providebam animo, Quirites, remoto Catilina non mihi esse P. Lentuli somnum nec L. Cassi adipes nec C. Cethegi furiosam temeritatem pertimescendam. Ille erat unus* timendus ex istis omnibus, sed tam diu, dum urbis moenibus continebatur. Omnia norat, omnium aditus tenebat; appellare, temptare, sollicitare poterat, audebat. Erat ei consilium ad facinus aptum, consilio autem neque lingua neque manus deerat. Iam ad certas res conficiendas certos homines delectos ac descriptos habebat. Neque vero, cum aliquid mandarat, confectum putabat: nihil erat, quod non ipse obiret, occurreret, vigilaret, laboraret; frigus, sitim, famem ferre poterat. (17) Hunc ego hominem tam acrem, tam audacem, tam paratum, tam callidum, tam in scelere vigilantem, tam in perditis rebus diligentem nisi ex domesticis insidiis in castrense latrocinium compulissem – dicam id, quod sentio, Quirites – non facile hanc tantam molem mali a cervicibus vestris depulissem. Non ille nobis Saturnalia constituisset neque tanto ante exitî ac fati diem rei publicae denuntiavisset neque commisisset, ut signum, ut litterae suae testes manifesti sceleris deprehenderentur. Quae nunc illo absente sic

* *Erat unus* α und weitere Hss. (Clark, Fuhrmann, Klose, Dyck): *erat solus* Δ (= Papyrus Vindobonensis L 127, 5. Jh) x (Laurentianus, 11. Jh.) u (Bruxellensis, 11. Jh.), (M.).

eines höchst fluchbeladenen und gefährlichen Krieges gefangen und festgenommen habt, müsst ihr glauben: Nach Abwehr dieser Gefahren von der Stadt sind Catilinas sämtliche Machtmittel, all seine Hoffnungen und Möglichkeiten zusammengebrochen. Als ich ihn aus der Stadt vertreiben wollte, sah ich im Geiste dies voraus, dass ich nach Entfernung Catilinas weder die Verschlafenheit des Publius Lentulus noch die Fettleibigkeit des Lucius Cassius, noch die wahnwitzige Waghalsigkeit des Gaius Cethegus würde fürchten müssen. Catilina war der Einzige von dieser ganzen Bande, den man fürchten musste, freilich nur, solange er sich innerhalb der Mauern aufhielt. Er wusste über alles Bescheid, er hatte zu allen Zugang, konnte sie rufen, verführen, aufwiegeln – und er wagte es. Er hatte genug Verstand, um ein Verbrechen zu planen, und bei der Durchführung seiner Pläne ließ ihn weder seine Redegabe noch seine Tatkraft im Stich. Für bestimmte Aufgaben hatte er bestimmte Personen ausersehen und eingeteilt. Doch wenn er einen Auftrag erteilt hatte, hielt er diesen nicht für erledigt. Es gab nichts, dem er nicht selbst nachging oder wachsam und tatkräftig zuvorkam: Frost, Durst und Hunger konnte er ertragen. (17) Hätte ich diesen so schneidigen, verwegenen, schlagfertigen, verschlagenen Mann, der in seinem verbrecherischen Wirken so wachsam, in seiner verworfenen Unternehmung so gewissenhaft war, nicht aus seinem heimischen Hinterhalt in das Räuberdasein im Feldlager gedrängt – ich will sagen, Quiriten, was ich meine –, so hätte ich nicht leicht dieses so schwer lastende Unheil euch vom Halse geschafft. Denn Catilina hätte uns nicht die Saturnalien als Termin genannt, nicht so lange im Voraus den Tag des verhängnisvollen Untergangs des Gemeinwesens angekündigt und auch nicht den Fehler gemacht, sein Siegel und seinen eigenhändig geschriebenen Brief als handgreifliche Zeugen seines Verbrechens erwischen zu lassen. All dies ist jetzt in seiner Abwesenheit so gelaufen, dass

gesta sunt, ut nullum in privata domo furtum umquam sit tam palam inventum, quam haec tanta in re publica coniuratio manifesto inventa atque deprehensa est. Quodsi Catilina in urbe ad hanc diem remansisset, quamquam, quoad fuit, omnibus eius consiliis occurri atque obstiti, tamen, ut levissime dicam, dimicandum nobis cum illo fuisset, neque nos umquam, cum ille in urbe hostis esset, tantis periculis rem publicam tanta pace, tanto otio, tanto silentio liberassemus.

**8** (18) Quamquam haec omnia, Quirites, ita sunt a me administrata, ut deorum immortalium nutu atque consilio et gesta et provisa esse videantur. Idque cum coniectura consequi possumus, quod vix videtur humani consilî tantarum rerum gubernatio esse potuisse, tum vero ita praesentes his temporibus opem et auxilium nobis tulerunt, ut eos paene oculis videre possimus. Nam, ut illa omittam, visas nocturno tempore ab occidente faces ardoremque caeli, ut fulminum iactus, ut terrae motus relinquam, ut omittam cetera, quae tam multa nobis consulibus facta sunt, ut haec, quae nunc fiunt, canere di immortales viderentur, hoc certe, Quirites, quod sum dicturus, neque praetermittendum neque relinquendum est. (19) Nam profecto memoria tenetis Cotta et Torquato consulibus complurîs in Capitolio res de caelo esse percussas, cum et simulacra deorum depulsa sunt et statuae veterum hominum deiectae et legum aera liquefacta et tactus etiam ille, qui hanc urbem condidit, Romulus, quem inauratum in Capitolio, parvum atque lactentem, uberibus lupinis inhiantem fuisse meministis. Quo quidem tempore cum haruspices ex tota Etruria

noch niemals in einem Privathaus ein Diebstahl so offenkundig aufgedeckt wurde wie jetzt in einem so großen Staat diese Verschwörung aufgespürt und sichtbar entlarvt worden ist. Wäre aber Catilina bis zum heutigen Tag in der Stadt geblieben – obschon ich ja, solange er hier war, all seinen Plänen zuvorkam und widerstand –, so hätten wir doch (sehr gelinde ausgedrückt) erbittert mit ihm kämpfen müssen und wir hätten niemals, solange er als Feind in der Stadt weilte, das Gemeinwesen von so großer Gefahr auf so friedlichem Wege, so ruhig und in aller Stille befreien können.

**8** (18) Indessen konnte ich all dies, Quiriten, so handhaben, dass es nach dem Wink und Ratschluss der Unsterblichen vollbracht und vorgesehen scheinen muss. Dies können wir allein schon durch bloße Überlegung erschließen, dass die Lenkung so gewaltiger Ereignisse kaum Sache menschlichen Planens sein konnte, doch darüber hinaus haben die Götter uns in diesen Zeiten so greifbar Hilfe und Unterstützung gewährt, dass wir sie geradezu mit Augen sehen konnten. Sehen wir einmal ab von der nächtlichen Erscheinung von Fackeln im Westen[113], von dem Glühen des Himmels, von Blitzschlägen und Erdbeben, schweigen wir auch von allem Übrigen, was sich unter unserem Konsulat in solcher Fülle ereignet hat, dass die unsterblichen Götter, was jetzt geschieht, zu verkündigen schienen! Doch darf man gewiss, was ich jetzt sagen werde, weder übergehen noch außer Acht lassen. (19) In der Tat habt ihr ja im Gedächtnis, dass unter dem Konsulat von Cotta und Torquatus[114] auf dem Capitol mehrfach der Blitz einschlug, wobei Götterbilder niederstürzten, Statuen von Männern der Vorzeit umfielen, eherne Gesetzestafeln schmolzen, ja sogar Romulus getroffen wurde, der Gründer dieser Stadt, der auf dem Capitol, vergoldet, wie ihr euch erinnert, als kleiner Säugling eifrig an den Zitzen der Wölfin trank. Damals kamen die Eingeweideschauer aus ganz Etrurien zusammen und erklär-

convenissent, caedîs atque incendia et legum interitum et bellum civile ac domesticum et totius urbis atque imperî occasum appropinquare dixerunt, nisi di immortales omni ratione placati suo numine prope fata ipsa flexissent. (20) Itaque illorum responsis tum et ludi per decem dies facti sunt neque res ulla, quae ad placandos deos pertineret, praetermissa est. Îdemque iusserunt simulacrum Iovis facere maius et in excelso conlocare et contra atque antea fuerat ad orientem convertere; ac se sperare dixerunt, si illud signum, quod videtis, solis ortum et forum curiamque conspiceret, fore, ut ea consilia, quae clam essent inita contra salutem urbis atque imperî, inlustrarentur, ut a senatu populoque Romano perspici possent. Atque illud signum conlocandum consules illi locaverunt; sed tanta fuit operis tarditas, ut neque superioribus* consulibus neque nobis ante hodiernum diem conlocaretur.

**9** (21) Hic quis potest esse, Quirites, tam aversus a vero, tam praeceps, tam mente captus, qui neget haec omnia quae videmus praecipueque hanc urbem deorum immortalium nutu ac potestate administrari? Etenim cum esset ita responsum, caedîs, incendia, interitum rei publicae comparari, et ea per civîs, quae tum propter magnitudinem scelerum nonnullis incredibilia videbantur, ea non modo cogitata a nefariis civibus, verum etiam suscepta esse sensistis. Illud vero nonne ita praesens est, ut nutu Iovis Optimi Maximi factum esse videatur, ut, cum hodierno die mane per forum meo iussu et coniurati

* *Superioribus* α (Clark, Fuhrmann, Klose, M.): *a superioribus* b (Monacensis, olim Benedictoburensis 12. Jh.) γ (Dyck).

ten, es drohe Mord, Brand, Untergang der Gesetze, Krieg im eignen Hause zwischen Bürgern, ja der Ruin der ganzen Stadt und des Reiches, sofern nicht die unsterblichen Götter, auf jede Art besänftigt, durch ihren persönlichen Wink das Verhängnis gleichsam selbst abwendeten. (20) Daher veranstaltete man damals auf Grund der Gutachten jener Männer zehn Tage lang Spiele und unterließ auch sonst nichts, was zur Versöhnung der Götter diente. Die Gleichen geboten, die Iuppiter-Statue in größerem Format auszuführen, an einem erhöhten Punkt aufzustellen und – im Gegensatz zur bisherigen Orientierung – nach Osten zu drehen. Wenn jenes Bildnis, das ihr seht, die aufgehende Sonne, das Forum und die Kurie anblicke, so werde es – wie sie hofften – geschehen, dass die heimlich gegen das Wohl von Stadt und Reich geschmiedeten Pläne so klar aufgedeckt würden, dass sie vom römischen Senat und Volk durchschaut werden könnten. Die damaligen Konsuln[115] erteilten den Auftrag, jenes Standbild entsprechend aufzustellen. Aber die Arbeit zog sich so sehr in die Länge, dass die Aufstellung weder unter unseren Vorgängern noch bisher unter unserem Konsulat, sondern erst heute erfolgte.

**9** (21) Wer kann sich da noch der Wahrheit so sehr verschließen, wer kann so leichtsinnig, so verrückt sein, die Tatsache zu leugnen, dass alles, was wir sehen, besonders aber diese Stadt vom machtvollen Wink der Götter gelenkt wird? Denn wenn das Gutachten besagte, dem Gemeinwesen drohe Mord, Brand und Vernichtung, noch dazu durch Bürger – so waren dies Dinge, die damals wegen der Größe der Verbrechen manchen unglaublich schienen. Jetzt aber habt ihr erlebt, dass sie von verworfenen Bürgern nicht nur gedacht, sondern auch unternommen wurden. Ist Folgendes aber nicht ein so handgreifliches Zeichen, dass es auf den Wink Iuppiters, des besten und größten, geschehen zu sein scheint?: Als heute am frühen Morgen die Verschworenen und ihre Denunzianten über das

et eorum indices in aedem Concordiae ducerentur, eo ipso tempore signum statueretur? Quo conlocato atque ad vos senatumque converso omnia et senatus et vos, quae erant contra salutem omnium cogitata, inlustrata et patefacta vidistis. (22) Quo etiam maiore sunt isti odio supplicioque digni, qui non solum vestris domiciliis atque tectis, sed etiam deorum templis atque delubris sunt funestos ac nefarios ignîs inferre conati. Quibus ego si me restitisse dicam, nimium mihi sumam et non sim ferendus: ille, ille Iuppiter restitit; ille Capitolium, ille haec templa, ille cunctam urbem, ille vos omnîs salvos esse voluit. Dis ego immortalibus ducibus hanc mentem voluntatemque suscepi atque ad haec tanta indicia perveni. Iam vero illa* Allobrogum sollicitatio, iam ab Lentulo ceterisque domesticis hostibus tam dementer tantae res creditae et ignotis et barbaris commissaeque litterae numquam essent profecto, nisi ab dis immortalibus huic tantae audaciae consilium esset ereptum. Quid vero? Ut homines Galli ex civitate male pacata, quae gens una restat, quae bellum populo Romano facere posse** et non nolle videatur, spem imperî ac rerum maximarum ultro sibi a patriciis hominibus oblatam neglegerent vestramque salutem suis opibus anteponerent, id non divinitus esse factum putatis, praesertim qui nos non pugnando, sed tacendo superare potuerunt?

**10** (23) Quam ob rem, Quirites, quoniam ad omnia pulvinaria supplicatio decreta est, celebratote illos dies cum coniugibus ac liberis vestris. Nam multi saepe honores dis immortali-

* Dyck tilgt die Worte von *vero illa* bis einschließlich *iam*.

** *Posse* A (Ambrosianus, 10./11. Jh.) αβ: *et posse* γ (M.)

Forum zum Concordia-Tempel[116] geführt wurden, da wurde zur selben Zeit das Götterbild aufgestellt. Kaum war es aufgerichtet und zu euch und dem Senat gedreht worden, hat der Senat und habt ihr alle Anschläge gegen das Wohl der Gesamtheit aufgeklärt und aufgedeckt gesehen. (22) Umso tieferen Hass und umso schwerere Strafe verdienen nun diese Leute, die versucht haben, nicht nur an eure Wohnungen und Häuser, sondern auch an die Tempel und Heiligtümer der Götter mörderisches und gotteslästerliches Feuer zu legen. Wollte ich behaupten, *ich* hätte ihnen widerstanden, so würde ich mir zu viel herausnehmen und mein Verhalten wäre unerträglich. Er, er – Iuppiter[117] – hat ihnen widerstanden, er wollte das Capitol, diese Tempel, die ganze Stadt, euch alle gerettet sehen. Unter der Führung der unsterblichen Götter machte ich mir diese Gesinnung und diesen Willen zueigen und gelangte zu diesen so gewichtigen Beweisen. Vollends diese Aufwiegelung der Allobroger hätte es niemals gegeben, Lentulus und die übrigen einheimischen Feinde hätten niemals so kopflos solch wichtige Nachrichten Unbekannten anvertraut und noch dazu ihre Briefe Barbaren übergeben, hätten nicht die unsterblichen Götter diesen in ihrer bodenlosen Verwegenheit den Verstand geraubt. Wie denn? Wenn Männer aus Gallien, einem nicht völlig befriedeten Volk, dem einzig übrig gebliebenen, dem man noch zutrauen kann, gegen das römische Volk kämpfen zu können und vielleicht kämpfen zu wollen, die ihnen von Patriziern angebotene Hoffnung auf Herrschaft und Weltmacht geringschätzen und eure Rettung ihrem Gewinn vorziehen – haltet ihr das nicht für ein von Göttern gewirktes Wunder, zumal sie euch nicht durch Kampf, sondern durch bloßes Schweigen hätten besiegen können?

**10** (23) Somit, Quiriten, da nun das Dankfest an allen Göttersitzen[118] beschlossen ist, feiert diese Tage mit euren Frauen und Kindern! Denn oft hat man zu Recht und verdienterma-

bus iusti habiti sunt ac debiti, sed profecto iustiores numquam. Erepti enim estis ex crudelissimo ac miserrimo interitu, et erepti sine caede, sine sanguine, sine exercitu, sine dimicatione; togati me uno togato duce et imperatore vicistis. (24) Etenim recordamini, Quirites, omnîs civilîs dissensiones, non solum eas, quas audistis, sed eas, quas vosmet ipsi meministis atque vidistis. L. Sulla P. Sulpicium oppressit: [eiecit ex urbe]* C. Marium, custodem huius urbis, multosque fortîs viros partim eiecit ex civitate, partim interemit. Cn. Octavius consul armis expulit ex urbe conlegam: omnis hic locus acervis corporum et civium sanguine redundavit. Superavit postea Cinna cum Mario: tum vero clarissimis viris interfectis lumina civitatis exstincta sunt. Ultus est huius victoriae crudelitatem postea Sulla: ne dici quidem opus est, quanta deminutione civium et quanta calamitate rei publicae. Dissensit M. Lepidus a clarissimo et fortissimo viro Q. Catulo: attulit non tam ipsius interitus rei publicae luctum quam ceterorum. (25) Atque illae [tamen omnes]** dissensiones erant eiusmodi, Quirites, quae non ad delendam, sed ad commutandam rem publicam pertinerent. Non illi nullam esse rem publicam, sed in ea, quae esset, se esse principes, neque hanc urbem conflagrare, sed se in hac urbe florere voluerunt. Atque illae tamen omnes dissensiones, quarum nulla exitium rei publicae quaesivit, eiusmodi fuerunt, ut non reconciliatione concordiae, sed internecione

* Von Lambinus getilgt, von M. im Text belassen.

** *tamen omnes* getilgt von Fuhrmann; *Atque illae tamen omnes* getilgt von Clark. Dagegen behalten M. und Dyck den überlieferten Text bei (trotz der kurz darauf folgenden Wiederholung).

ßen für die Götter Ehrungen in großer Zahl beschlossen, aber in der Tat niemals mit größerem Recht. Gerettet worden seid ihr nämlich vor dem grausamsten und elendesten Untergang, gerettet ohne Mord, ohne Blutvergießen, ohne Heer, ohne Entscheidungsschlacht. In der Toga habt ihr gesiegt unter mir, einem Togaträger,[119] als einzigem Anführer und Feldherrn. (24) Ruft euch, Quiriten, doch alle Bürgerzwiste ins Gedächtnis, nicht nur die, von denen ihr gehört habt, sondern die, an die ihr euch selbst erinnert, die ihr mit eigenen Augen gesehen habt. Lucius Sulla überwältigte den Publius Sulpicius;[120] den Gaius Marius, den Beschützer dieser Stadt, und viele tapfere Männer hat er teils aus der Bürgerschaft verbannt, teils getötet. Gnaeus Octavius[121] vertrieb als Konsul seinen Kollegen mit Waffengewalt aus der Stadt: Dieser ganze Platz hier war mit Leichenhaufen bedeckt und floss über vom Blut der Bürger. Danach obsiegte Cinna zusammen mit Marius:[122] Da aber wurden mit der Tötung der edelsten Männer die Leuchten des Gemeinwesens ausgelöscht. Für die Grausamkeit dieses Sieges übte hernach Sulla Rache – man braucht nicht einmal auszusprechen, unter welch schweren Verlusten an Bürgern und mit welch verheerendem Schaden für das Gemeinwesen. Marcus Lepidus[123] war uneins mit dem hochangesehenen und überaus tüchtigen Quintus Catulus; weniger der Tod des ersteren als derjenige der übrigen stürzte die Bürgerschaft in Trauer. (25) Diese Zwistigkeiten waren so beschaffen, Quiriten, dass sie nicht auf die Zerstörung des Gemeinwesens, sondern auf dessen Veränderung zielten. Jene Männer wollten nicht, es solle kein Gemeinwesen geben, sondern verlangten in dem bestehenden Gemeinwesen die Führenden zu sein, wollten nicht diese Stadt verbrennen, sondern selbst in dieser Stadt blühen und gedeihen. Und all jene Zwistigkeiten, deren keine den Untergang des Staates zum Ziel hatte, waren so beschaffen, dass sie nicht durch Wiederherstellung der Eintracht,

civium diiudicatae sint. In hoc autem uno post hominum memoriam maximo crudelissimoque bello, quale bellum nulla umquam barbaria cum sua gente gessit, quo in bello lex haec fuit a Lentulo, Catilina, Cethego, Cassio constituta, ut omnes, qui salva urbe salvi esse possent, in hostium numero ducerentur, ita me gessi, Quirites, ut salvi omnes conservaremini, et, cum hostes vestri tantum civium superfuturum putassent, quantum infinitae caedi restitisset, tantum autem urbis, quantum flamma obire non potuisset, et urbem et civîs integros incolumîsque servavi.

**11** (26) Quibus pro tantis rebus, Quirites, nullum ego a vobis praemium virtutis, nullum insigne honoris, nullum monumentum laudis postulabo praeterquam huius diei memoriam sempiternam. In animis ego vestris omnîs triumphos meos, omnia ornamenta honoris, monumenta gloriae, laudis insignia condi et conlocari volo. Nihil me mutum potest delectare, nihil tacitum, nihil denique eiusmodi, quod etiam minus digni adsequi possint. Memoria vestra, Quirites, nostrae res alentur, sermonibus crescent, litterarum monumentis inveterascent et conroborabuntur; eandemque diem intellego, quam spero aeternam fore, propagatam esse et ad salutem urbis et ad memoriam consulatus mei, unoque tempore in hac re publica duos civîs exstitisse, quorum alter finîs vestri imperî non terrae, sed caeli regionibus terminaret, alter huius imperî domicilium sedîsque servaret.

**12** (27) Sed quoniam earum rerum, quas ego gessi, non ea-

sondern durch Blutvergießen unter Bürgern entschieden wurden. Aber in dem gegenwärtigen Krieg, dem größten und grausamsten seit Menschengedenken, wie ihn noch kein Barbarenstamm gegen das eigene Volk geführt hat, einem Krieg, in dem von Lentulus, Catilina, Cethegus, Cassius Folgendes zum Gesetz erhoben war: Alle diejenigen, die nur im Wohl der Stadt ihr eigenes Wohl finden könnten, sollten als Feinde gelten – in diesem Krieg habe ich mich so verhalten, Quiriten, dass ihr alle wohlbehalten bleibt. Während eure Feinde meinten, von den Bürgern solle nur so viel übrig bleiben, wie dem schrankenlosen Morden entrann, und von der Stadt nur so viel, wie die Flamme nicht erreichen konnte, habe ich sowohl die Stadt als auch die Bürger unverletzt und unversehrt bewahrt.

**11** (26) Für so Großes, Quiriten, will ich von euch keinen Lohn meiner Tüchtigkeit, kein Ehrenzeichen, kein Ruhmesmal außer dem ewigen Andenken an diesen Tag. In euren Herzen will ich alle meine Triumphe, alle ehrenvollen Auszeichnungen, alle rühmenden Denkmäler, alle Zeichen der Anerkennung eingeschlossen und geborgen wissen. Nichts Stummes kann mich erfreuen, nichts Verschwiegenes, nichts schließlich von alledem, was auch weniger Würdige erlangen könnten. Euer Gedenken, Quiriten, wird meine Taten am Leben erhalten, euer Reden sie wachsen lassen, eure schriftlichen Denkmäler werden ihnen hohes Alter und Dauerhaftigkeit verleihen. Ich meine, dieselbe Frist – die, wie ich hoffe, ewig sein wird – sei dem Wohl der Stadt und der Erinnerung an mein Konsulat gesetzt. Und zu ein und derselben Zeit seien in diesem Gemeinwesen zwei Bürger aufgetreten, von denen der eine die Grenzen eures Reiches nicht nach Landstrichen, sondern nach Himmelsregionen festlegte[124], der andere die Heimstätte und den Wohnsitz dieses Reiches rettete.

**12** (27) Nun aber stehen ja meine Leistungen nicht unter dem

dem est fortuna atque condicio, quae illorum, qui externa bella gesserunt, quod mihi cum iis vivendum est, quos vici ac subegi, illi hostîs aut interfectos aut oppressos reliquerunt, vestrum est, Quirites, si ceteris facta sua recte prosunt, mihi mea ne quando obsint, providere. Mentes enim hominum audacissimorum sceleratae ac nefariae ne vobis nocere possent, ego providi, ne mihi noceant, vestrum est providere. Quamquam, Quirites, mihi quidem ipsi nihil ab istis iam noceri potest. Magnum enim est in bonis praesidium, quod mihi in perpetuum comparatum est, magna in re publica dignitas, quae me semper tacita defendet, magna vis conscientiae, quam qui neglegunt, cum me violare volent, se* indicabunt. (28) Est enim nobis** is animus, Quirites, ut non modo nullius audaciae cedamus, sed etiam omnîs improbos ultro semper lacessamus. Quodsi omnis impetus domesticorum hostium depulsus a vobis se in me unum converterit, vobis erit videndum, Quirites, qua condicione posthac eos esse velitis, qui se pro salute vestra obtulerint invidiae periculisque omnibus: mihi quidem ipsi quid est quod iam ad vitae fructum possit adquiri, cum praesertim neque in honore vestro neque in gloria virtutis quicquam videam altius, quo mihi libeat ascendere? (29) Illud perficiam profecto, Quirites, ut ea, quae gessi in consulatu, privatus tuear atque ornem, ut, siqua est invidia in conservanda re publica suscepta, laedat invidos, mihi valeat ad gloriam. De-

* *Se* αβ (Zielinski, Clark, Fuhrmann): *se ipsi* γ (Klose, M.).
** *Nobis* αβ (Zielinski, Clark, Fuhrmann): *in nobis* γ (Klose, M.).

gleichen Glücksstern wie diejenigen der Männer, die auswärtige Kriege führten; denn ich muss mit denen zusammenleben, die ich besiegt und überwunden habe, jene aber durften ihre Feinde entweder getötet oder unterjocht zurücklassen. Wenn also den Übrigen ihre Taten zum Vorteil ausschlagen, steht es bei euch, Quiriten, Vorsorge zu treffen, dass mir meine Taten nicht irgendeinmal Schaden bringen. Denn dafür, dass euch die höchst frevelhaften und verbrecherischen Absichten verworfener Menschen nicht schaden können, habe ich gesorgt; ihr müsst dafür sorgen, dass sie mir nicht schaden können. Indessen, Quiriten, können mir für meine Person diese Leute nicht mehr schaden. Groß ist nämlich der Schutz der Gutgesinnten, den ich mir auf immer erworben habe, groß auch das Ansehen unserer Verfassung, das mich stets ohne Worte verteidigen wird, groß die Macht des Gewissens. Deren Verächter werden, indem sie mich verletzen wollen, sich selbst anklagen. (28) Wir[125] sind nämlich so eingestellt, Quiriten, dass wir nicht nur keinem Verwegenen ausweichen, sondern alle Schlechten immer aus freien Stücken herausfordern. Wenn aber der gesamte Ansturm der heimischen Feinde, den ich von euch abgewehrt habe, sich nun allein gegen mich kehrt, werdet ihr zusehen müssen, Quiriten, welche Lebensbedingungen ihr denen in Zukunft einräumen wollt, die sich um eurer Rettung willen der Anfeindung und allen Gefahren ausgesetzt haben. Für mich wenigstens gilt: Was lässt sich noch zum Ertrag eines Lebens hinzu erwerben, zumal ich weder, was mein Ansehen bei euch, noch was den Ruhm meiner Leistung betrifft, eine höhere Stufe erkennen kann, die ich etwa noch erklimmen möchte? (29) Eins aber werde ich in der Tat tun, Quiriten: Was ich im Konsulat geleistet habe, dem will ich als Privatmann treu bleiben und Ehre machen,[126] so dass, falls eine Anfeindung aus der Rettung des Gemeinwesens erwachsen ist, diese die Neider verletzen möge, mir aber zum Ruhm gereiche. Endlich

nique ita me in re publica tractabo, ut meminerim semper, quae gesserim, curemque, ut ea virtute, non casu gesta esse videantur. Vos, Quirites, quoniam iam est nox, venerati Iovem illum custodem huius urbis ac vestrum in vestra tecta discedite et ea, quamquam iam est periculum depulsum, tamen aeque ac priore nocte custodiis vigiliisque defendite. Id ne vobis diutius faciendum sit atque ut in perpetua pace esse possitis, providebo, Quirites.

werde ich mich im Gemeinwesen so verhalten, dass ich mich ständig daran erinnere, was ich getan habe, und dafür sorge, dass man sehe, dass dies ein Werk der Tüchtigkeit und nicht etwa des Zufalls war. Ihr aber, Quiriten, – denn es ist schon Nacht – erzeigt Iuppiter, dem Beschützer dieser Stadt und eurem Beschützer, eure Ehrerbietung, kehrt in eure Häuser zurück und schützt diese, obwohl die Gefahr schon abgewehrt ist, ebenso wie in der vorigen Nacht mit Posten und Wachen. Dass ihr dies nicht länger tun müsst und dass ihr in dauerhaftem Frieden leben könnt, dafür werde ich sorgen, Quiriten.

## Oratio quarta

**1** (1) Video, patres conscripti, in me omnium vestrum ora atque oculos esse conversos, video vos non solum de vestro ac rei publicae verum etiam, si id depulsum sit, de meo periculo esse sollicitos. Est mihi iucunda in malis et grata in dolore vestra erga me voluntas, sed eam – per deos immortalîs – deponite atque obliti salutis meae de vobis ac de vestris liberis cogitate. Mihi si haec condicio consulatus data est, ut omnîs acerbitates, omnîs dolores cruciatusque perferrem, feram non solum fortiter verum etiam libenter, dummodo meis laboribus vobis populoque Romano dignitas salusque pariatur. (2) Ego sum ille consul, patres conscripti, cui non forum, in quo omnis aequitas continetur, non campus consularibus auspiciis consecratus, non curia, summum auxilium omnium gentium, non domus, commune perfugium, non lectus ad quietem datus, non denique haec sedes honoris [sella curulis]* umquam vacua mortis periculo atque insidiis fuit. Ego multa tacui, multa pertuli, multa concessi, multa meo quodam dolore in vestro timore sanavi. Nunc si hunc exitum consulatus mei di immortales esse voluerunt, ut vos populumque Romanum ex caede miserrima, coniuges liberosque vestros virginesque Vestalîs ex acerbissima vexatione, templa atque delubra, hanc pulcherrimam patriam omnium nostrum ex foedissima flamma, totam Italiam ex bello et vastitate eriperem, quaecumque mihi uni proponetur fortuna subeatur. Etenim si P. Lentulus suum no-

* *Sella curulis* αβγ von Muretus mit Recht als Glossem ausgeschieden: *sella curulis sedes honoris* Reis und M.

## Die vierte Rede

**1** (1) Ich sehe, Senatoren, dass euer aller Gesichter und Blicke auf mich gerichtet sind, sehe, dass ihr nicht nur über die Gefahr für euch und den Staat beunruhigt seid, sondern auch, wenn diese abgewendet ist, über die Gefahr für meine Person. Euer Mitgefühl mir gegenüber ist für mich eine Wohltat im Unglück und eine Labsal im Schmerz, aber – bei den unsterblichen Göttern! – lasst es beiseite, vergesst mein Wohl und denkt an euch und eure Kinder! Wenn mir diese Stellung als Konsul gegeben worden ist, damit ich alle Bitternisse, alle Schmerzen und Folterqualen erdulde, so will ich sie nicht nur tapfer, sondern sogar gerne ertragen, wenn nur aus meinen Mühen für euch und das römische Volk Ehre und Rettung erwächst. (2) Ein Konsul bin ich, Senatoren, für den kein Ort jemals frei von Todesgefahr und Nachstellungen gewesen ist: weder das Forum, auf dem doch alle Gerechtigkeit ihren Sitz hat, noch das Marsfeld,[127] das durch die konsularischen Auspizien geweiht ist, noch die Kurie, die höchste Instanz für alle Völker, noch das eigene Haus, Zuflucht aller Menschen, noch das zum Ausruhen bestimmte Bett, ja nicht einmal dieser Ehrensitz[128] hier. Vieles habe ich verschwiegen, vieles ertragen, vieles hinnehmen müssen, vieles, während ihr in Angst schwebtet, geradezu durch meinen einsamen Schmerz geheilt. Wenn es nun der Wille der unsterblichen Götter gewesen ist, mein Konsulat solle so enden, dass ich euch und das römische Volk vor der jammervollsten Ermordung, eure Frauen und Kinder samt den Vestalischen Jungfrauen vor bittersten Gewalttaten, dass ich Tempel, Heiligtümer und diese unsere wunderschöne Heimatstadt vor abscheulichster Feuersbrunst, ganz Italien vor Krieg und Verwüstung rette, so will ich jedes beliebige Schicksal, das *mir allein* auferlegt wird, auf mich nehmen. Wenn nämlich Publius Lentulus, von Wahrsagern ver-

men inductus a vatibus fatale ad perniciem rei publicae fore putavit, cur ego non laeter meum consulatum ad salutem populi Romani prope fatalem exstitisse?

**2** (3) Quare, patres conscripti, consulite vobis, prospicite patriae, conservate vos, coniuges, liberos fortunasque vestras, populi Romani nomen salutemque defendite; mihi parcere ac de me cogitare desinite. Nam primum debeo sperare omnîs deos, qui huic urbi praesident, pro eo mihi ac mereor relaturos esse gratiam, deinde, siquid obtigerit, aequo animo paratoque moriar. Nam neque turpis mors forti viro potest accidere neque immatura consulari nec misera sapienti. Nec tamen ego sum ille ferreus, qui fratris carissimi atque amantissimi praesentis maerore non movear horumque omnium lacrimis, a quibus me circumsessum videtis. Neque meam mentem non domum saepe revocat exanimata uxor et abiecta metu filia et parvolus filius, quem mihi videtur amplecti res publica tamquam obsidem consulatus mei, neque ille, qui exspectans huius exitum diei stat in conspectu meo, gener. Moveor his rebus omnibus, sed in eam partem, uti salvi sint vobiscum omnes, etiam si me vis aliqua oppresserit, potius quam et illi et nos una rei publicae peste pereamus. (4) Quare, patres conscripti, incumbite ad salutem rei publicae, circumspicite omnîs procellas, quae impendent, nisi providetis. Non Ti. Gracchus, quod iterum tribunus plebis fieri voluit, non C. Gracchus, quod agrarios concitare conatus est, non L. Saturninus, quod

leitet, glaubte, sein Name werde schicksalhaft für den Untergang des Staates sein,[129] warum soll ich mich da nicht freuen, dass mein Konsulat geradezu schicksalhaft für die Rettung des römischen Volkes geworden ist?

**2** (3) Darum, Senatoren, kümmert euch um euer Wohl, sorgt für das Vaterland, rettet euer Leben, eure Frauen und Kinder, euer Vermögen, verteidigt den Namen und das Leben des römischen Volkes; doch lasst ab, mich zu schonen und an mich zu denken. Denn erstens darf ich hoffen, dass die Götter, die diese Stadt beschirmen, mir hierfür Dank abstatten werden, wie ich ihn verdiene; zweitens aber will ich, wenn mir etwas zustößt, mit Gleichmut und Gefasstheit sterben. Denn einem Tapferen kann kein schimpflicher, einem Konsular kein unzeitiger, einem Weisen kein jammervoller Tod widerfahren. Trotzdem bin ich nicht so stahlhart, dass ich von der Trauer meines so teuern und liebevollen Bruders[130], der hier anwesend ist, ungerührt bliebe und von den Tränen all dieser Menschen, von denen ihr mich umringt seht. In Gedanken ruft mich nämlich oft meine völlig fassungslose Gattin nach Hause zurück wie auch meine von Furcht niedergedrückte Tochter und mein kleiner Sohn, den mir der Staat zu umfangen scheint wie einen Bürgen meines Konsulats, sowie mein Schwiegersohn, den ich dort stehen sehe,[131] voll Erwartung, wie dieser Tag enden mag. All dies rührt mich, aber in dem Sinne, dass sie alle zusammen mit euch gerettet sein mögen, auch wenn mich irgendeine Gewalttat überwältigt; das wäre mir lieber als dass sie und wir alle in einer einzigen Katastrophe des Staates untergehen. (4) Darum, Senatoren, verlegt euch auf die Rettung des Staates, achtet umsichtig auf alle Stürme, die uns drohen, falls ihr nicht Vorsorge trefft. Zur Verantwortung vor euer strenges Gericht wird nicht Tiberius Gracchus vorgeführt, weil er zum zweiten Mal Volkstribun werden wollte, nicht Gaius Gracchus, weil er die Landbevölkerung aufzuwiegeln

C. Memmium occidit, in discrimen aliquod atque in vestrae severitatis iudicium adducitur: tenentur ii, qui ad urbis incendium, ad vestrum omnium caedem, ad Catilinam accipiendum Romae restiterunt, tenentur litterae, signa, manus, denique uniuscuiusque confessio: sollicitantur Allobroges, servitia excitantur, Catilina accersitur, id est initum consilium, ut interfectis omnibus nemo ne ad deplorandum quidem populi Romani nomen atque ad lamentandam tanti imperî calamitatem relinquatur.

**3** (5) Haec omnia indices detulerunt, rei confessi sunt, vos multis iam iudiciis iudicavistis, primum quod mihi gratias egistis singularibus verbis et mea virtute atque diligentia perditorum hominum coniurationem patefactam esse decrevistis, deinde quod P. Lentulum se abdicare praetura coegistis; tum quod eum et ceteros, de quibus iudicastis, in custodiam dandos censuistis, maximeque quod meo nomine supplicationem decrevistis, qui honos togato habitus ante me est nemini; postremo hesterno die praemia legatis Allobrogum Titoque Volturcio dedistis amplissima. Quae sunt omnia eiusmodi, ut ii, qui in custodiam nominatim dati sunt, sine ulla dubitatione a vobis damnati esse videantur.

(6) Sed ego institui referre ad vos, patres conscripti, tamquam integrum, et de facto quid iudicetis et de poena quid censeatis. Illa praedicam quae sunt consulis. Ego magnum in re publica versari furorem et nova quaedam misceri et concitari mala iam pridem videbam, sed hanc tantam, tam exitio-

versuchte, nicht Lucius Saturninus, weil er Gaius Memmius[132] tötete: Ergriffen haben wir Männer, die hier geblieben sind, um die Stadt anzuzünden, euch alle zu ermorden und Catilina in Rom aufzunehmen; wir haben Briefe, Siegel, Handschriften, sowie das Geständnis jedes Einzelnen: Aufgehetzt werden die Allobroger, die Sklaven aufgewiegelt, Catilina wird herbeigerufen, der Plan ist gefasst, dass nach Ermordung aller kein Einziger übrig bleiben soll, um auch nur um den Namen des römischen Volkes zu trauern oder den Zusammenbruch eines so großen Reiches zu beklagen.

**3** (5) All dies haben die Anzeiger angegeben, die Angeklagten gestanden; und ihr habt es schon durch viele Urteile entschieden, erstens indem ihr mir mit einzigartigen Worten gedankt und einen Beschluss gefasst habt, wonach durch meine Tatkraft und Wachsamkeit die Verschwörung der Verworfenen aufgedeckt worden ist; sodann, weil ihr Publius Lentulus gezwungen habt, als Prätor abzudanken; drittens, weil ihr angeordnet habt, ihn und die übrigen von euch Verurteilten in Gewahrsam zu nehmen; vor allem aber, weil ihr auf meinen Namen ein Dankfest angeordnet habt, eine Ehre, die vor mir noch keinem Zivilbeamten zuteil geworden ist; schließlich habt ihr noch gestern den Gesandten der Allobroger und dem Titus Volturcius höchst ehrenvollen Lohn erteilt.[133] All dies ist so beschaffen, dass diejenigen, die unter Namensnennung in Haft gegeben[134] worden sind, ohne jeden Zweifel als von euch verurteilt zu gelten haben.

(6) Ich freilich habe beschlossen, euch die Sache vorzulegen, als wäre noch unentschieden, wie ihr den Tatbestand beurteilt und was ihr hinsichtlich der Bestrafung beschließt. Vorausschicken möchte ich, was Sache des Konsuls ist. Ich sah zwar schon lange, dass im Staate ein ungeheurer Wahnsinn herrschte und dass irgendwelche neuartigen Übel zusammengebraut und angezettelt wurden, doch hätte ich nie geglaubt, dass diese

sam haberi coniurationem a civibus numquam putavi. Nunc quidquid est, quocumque vestrae mentes inclinant atque sententiae, statuendum vobis ante noctem est. Quantum facinus ad vos delatum sit, videtis. Huic si paucos putatis adfinîs esse, vehementer erratis. Latius opinione disseminatum est hoc malum; manavit non solum per Italiam, verum etiam transcendit Alpîs et obscure serpens multas iam provincias occupavit. Id opprimi sustentando et prolatando nullo pacto potest; quacumque ratione placet celeriter vobis vindicandum est.

**4** (7) Video duas adhuc esse sententias, unam D. Silani, qui censet eos, qui haec delere conati sunt, morte esse multandos, alteram C. Caesaris, qui mortis poenam removet, ceterorum suppliciorum omnîs acerbitates amplectitur. Uterque et pro sua dignitate et pro rerum magnitudine in summa severitate versatur. Alter eos, qui nos omnîs, qui populum Romanum vita privare conati sunt, qui delere imperium, qui populi Romani nomen exstinguere, punctum temporis frui vita et hoc communi spiritu non putat oportere atque hoc genus poenae saepe in improbos civîs in hac re publica esse usurpatum recordatur. Alter intellegit mortem a dis immortalibus non esse supplicî causa constitutam, sed aut necessitatem naturae aut laborum ac miseriarum quietem. Itaque eam sapientes numquam inviti, fortes saepe etiam libenter oppetiverunt. Vincula vero et ea sempiterna certe ad singularem poenam nefarii sce-

so große und so verderbliche Verschwörung von Bürgern unternommen würde. Nun müsst ihr, was immer es sein mag, und wohin immer euer Sinn und euer Urteil sich neigen mag, vor Einbruch der Nacht[135] einen Beschluss fassen. Welch ein schweres Verbrechen euch angezeigt worden ist, seht ihr. Sofern ihr glaubt, nur wenige seien daran beteiligt, irrt ihr euch gewaltig. Weiter als man annehmen möchte hat sich dieses Übel ausgebreitet, hat nicht nur Italien überflutet, sondern auch die Alpen überstiegen und auf dunklen Schleichwegen schon viele Provinzen[136] erfasst. Durch Abwarten und Verzögern lässt es sich keineswegs überwinden; wie immer ihr euch entscheiden wollt, rasch müsst ihr eingreifen.

4 (7) Wie ich sehe, gibt es bisher zwei Anträge. Der eine ist von Decimus Silanus,[137] wonach diejenigen, die versucht haben, all dies hier zu vernichten, mit dem Tod zu bestrafen sind. Der andere ist von Iulius Caesar, der die Todesstrafe ausschließt, aber die gesamte Strenge der übrigen Strafen umfasst. Beide beharren jeweils im Einklang mit ihrer Würde und der Schwere des Verbrechens auf größter Strenge. Der eine glaubt, dass Männer, die versucht haben, uns allen, ja dem römischen Volk das Leben zu nehmen, das Imperium zu vernichten, den römischen Namen auszulöschen, keinen Augenblick länger verdienen, das Leben und diese allen gemeinsame Atemluft zu genießen; er erinnert sich auch daran, dass diese Art der Bestrafung in unserem Gemeinwesen oft gegen ruchlose Bürger angewandt worden ist. Der andere sieht, dass der Tod von den unsterblichen Göttern nicht zur Bestrafung eingesetzt worden ist, es handle sich dabei vielmehr um eine Naturnotwendigkeit oder um ein Ausruhen von aller Mühe und allem Elend. Darum haben ihn Weise nie widerwillig, Tapfere sogar gerne auf sich genommen. Dagegen ist Gefängnishaft – und diese auf Lebenszeit – gewiss als einzigartige Strafe für ein frevelhaftes Verbrechen erfunden worden. Er schlägt vor, die Verurteilten

leris inventa sunt. Municipiis dispertiri iubet. Habere videtur ista res iniquitatem, si imperare velis, difficultatem, si rogare. Decernatur tamen, si placet. (8) Ego enim suscipiam et, ut spero, reperiam, qui id, quod salutis omnium causa statueritis, non putent* esse suae dignitatis recusare. Adiungit gravem poenam municipiis, siquis eorum vincula ruperit; horribilîs custodias circumdat et dignas scelere hominum perditorum; sancit, nequis eorum poenam, quos condemnat, aut per senatum aut per populum levare possit; eripit etiam spem, quae sola homines in miseriis consolari solet. Bona praeterea publicari iubet; vitam solam relinquit nefariis hominibus: quam si eripuisset, mult*os* una dolor*es*** animi atque corporis et omnîs scelerum poenas ademisset. Itaque ut aliqua in vita formido improbis esset *pro*posita,*** apud inferos eiusmodi quaedam illi antiqui supplicia impiis constituta esse voluerunt, quod videlicet intellegebant his remotis non esse mortem ipsam pertimescendam.

**5** (9) Nunc, patres conscripti, ego mea video quid intersit. Si eritis secuti sententiam C. Caesaris, quoniam hanc is in re publica viam, quae popularis habetur, secutus est, fortasse minus erunt hoc auctore et cognitore huiusce sententiae mihi populares impetus pertimescendi; sin illam alteram, nescio an amplius mihi negotî contrahatur. Sed tamen meorum periculorum rationes utilitas rei publicae vincat. Habemus enim a Caesare, sicut ipsius dignitas et maiorum eius amplitudo postulabat,

* *Putent* Ernesti (so auch Clark, Fuhrmann, Klose, Dyck): *putet* αβ nur von M. in den Text aufgenommen; *-et (-at)* γ.

** *Multos una dolores animi atque corporis* Kayser (auch M.): *animi atque corporis multos uno dolore* h (= Harleianus 2682, 11. Jh.); *multos uno dolore dolores animi atque corporis* Graevius: *multas uno dolore animi atque corporis miserias* Clark.

*** *Proposita* Mueller (allgemein akzeptiert, auch von M.): *posita* αβγ.

auf Munizipien [Kleinstädte] zu verteilen. Dieses Vorgehen schließt, will man es befehlen, offenbar Ungerechtigkeiten in sich und bereitet Schwierigkeiten, wenn man nur darum bitten soll. Dennoch mag es, wenn der Senat dafür ist, beschlossen werden. (8) Ich werde nämlich selbst die Durchführung auf mich nehmen und, wie ich hoffe, Personen finden, die es ihrer Würde schuldig zu sein glauben, das nicht zu verweigern, was ihr zum Heil aller beschlossen habt. Er fügt noch eine schwere Strafe für die Munizipien hinzu, falls einer die Fesseln dieser Männer sprengt. Rings herum stellt er furchterregende Wachen auf, wie sie dem Verbrechen verworfener Männer angemessen sind. Er setzt fest, keiner dürfe die Strafe der Verurteilten durch Senats- oder Volksbeschluss mildern; so raubt er ihnen sogar die Hoffnung, die als Einzige die Menschen im Elend zu trösten pflegt. Ferner gebietet er, ihre Güter zu verstaatlichen; allein das Leben belässt er den Frevlern; hätte er es ihnen geraubt, so hätte er ihnen zugleich viele körperliche und seelische Schmerzen und alle Strafen für ihre Verbrechen erspart. Damit also den Gewissenlosen im Leben irgendein Schreckensbild vor Augen stehe, wollten die Alten, für die Frevler sollten bestimmte Strafen [im Jenseits] festgesetzt sein, denn sie sahen offenbar ein, wenn man diese beseitige, sei der Tod als solcher nicht zu fürchten.

**5** (9) Nun sehe ich, Senatoren, was in meinem Interesse liegt. Folgt ihr Gaius Caesars Antrag, so werde ich, da er in der Politik derjenigen Richtung folgt, die als volksnah gilt, vielleicht weniger Angriffe der Volksfreunde zu fürchten haben, zumal dieser Mann der Urheber und Vertreter dieses Beschlusses ist. Folgt ihr aber dem anderen, so ziehe ich mir möglicherweise einiges mehr an Schwierigkeiten zu. Aber dennoch möge der Nutzen für den Staat über meine persönlichen Sicherheitserwägungen den Sieg davontragen. Haben wir doch von Gaius Caesar, wie es sein eigener Rang und der Glanz seiner

sententiam tamquam obsidem perpetuae in rem publicam voluntatis. Intellectum est, quid interesset inter levitatem contionatorum et animum vere popularem saluti populi consulentem. (10) Video de istis, qui se popularîs haberi volunt, abesse non neminem, ne de capite videlicet civium Romanorum sententiam ferat. Is et nudius tertius in custodiam civîs Romanos dedit et supplicationem mihi decrevit et indices hesterno die maximis praemiis adfecit. Iam hoc nemini dubium est, qui reo custodiam, quaesitori gratulationem, indici praemium decrerit, quid de tota re et causa iudicarit. At vero C. Caesar intellegit legem Semproniam esse de civibus Romanis constitutam; qui autem rei publicae sit hostis, eum civem esse nullo modo posse: denique ipsum latorem Semproniae legis iussu populi poenas rei publicae dependisse. Îdem ipsum Lentulum, largitorem et prodigum, non putat, cum de pernicie populi Romani, exitio huius urbis tam acerbe, tam crudeliter cogitarit, etiam appellari posse popularem. Itaque homo mitissimus atque lenissimus non dubitat P. Lentulum aeternis tenebris vinculisque mandare et sancit in posterum, nequis huius supplicio levando se iactare et in pernicie populi Romani posthac popularis esse possit. Adiungit etiam publicationem bonorum, ut omnîs animi cruciatus et corporis etiam egestas ac mendicitas consequatur.

**6** (11) Quam ob rem, sive hoc statueritis, dederitis mihi comitem ad contionem populo carum atque iucundum, sive

Vorfahren verlangten, einen Antrag, der gleichsam als Bürgschaft für seine ständige Treue zur Republik gelten muss. Man konnte den Unterschied erkennen zwischen dem Leichtsinn der Volksredner und einer wahrhaft volksnahen Gesinnung, die für das Heil des Volkes sorgt. (10) Wie ich sehe, sind einige von denen, die als Volksfreunde gelten wollen, abwesend, offenbar, um nicht über Leben und Tod römischer Bürger entscheiden zu müssen. Dabei haben sie vorgestern römische Bürger in Haft nehmen lassen, für mich ein Dankfest beschlossen und gestern für die Anzeiger sehr hohe Belohnungen genehmigt. Bei einem, der dem Angeklagten Haft, dem Untersuchenden einen Glückwunsch und dem Anzeiger eine Belohnung zuerkannt hat, kann doch niemand darüber im Zweifel sein, wie dieser über den Fall und den Sachverhalt insgesamt urteilte. Indessen erkennt Gaius Caesar, dass das Sempronische Gesetz[138] für römische Bürger geschaffen worden ist, dass aber ein Staatsfeind keineswegs Bürger sein kann und schließlich, dass sogar der Urheber des Sempronischen Gesetzes auf Befehl des Volkes seine Strafe dem Gemeinwesen abgegolten hat. Ebenso wenig glaubt er, man könne Publius Lentulus, der verschwenderisch mit Geschenken um sich warf, noch einen Volksfreund nennen, da dieser so erbittert, so grausam das Verderben des römischen Volkes, den Untergang dieser Stadt geplant hat. Daher trägt Caesar, dieser so milde und gütige Mensch, keine Bedenken, Publius Lentulus in ewigem Dunkel in Fesseln zu legen, und bestimmt, keiner dürfe sich künftig rühmen, dessen Strafe abzumildern und zum Verderben des römischen Volkes ein Volksfreund zu heißen. Er fügt noch die Verstaatlichung seiner Güter hinzu, so dass auf alle seelischen und körperlichen Qualen auch noch Armut und Mittellosigkeit folgen.[139]

**6** (11) Wenn ihr euch daher für diesen Antrag entscheidet, gebt ihr mir damit in die Volksversammlung einen Begleiter,

Silani sententiam sequi malueritis, facile me atque vos crudelitatis vituperatione populus Romanus *exsolvet**, atque obtinebo eam multo leniorem fuisse. Quamquam, patres conscripti, quae potest esse in tanti sceleris immanitate punienda crudelitas? Ego enim de meo sensu iudico. Nam ita mihi salva re publica vobiscum perfrui liceat, ut ego, quod in hac causa vehementior sum, non atrocitate animi moveor – quis enim est me mitior? – sed singulari quadam humanitate et misericordia. Videor enim mihi videre hanc urbem, lucem orbis terrarum atque arcem omnium gentium, subito uno incendio concidentem. Cerno animo sepulta in patria miseros atque insepultos acervos civium, versatur mihi ante oculos aspectus Cethegi et furor in vestra caede bacchantis. (12) Cum vero mihi proposui regnantem Lentulum, sicut ipse se ex fatis sperasse confessus est, purpuratum esse hunc Gabinium, cum exercitu venisse Catilinam, tum lamentationem matrum familias, tum fugam virginum atque puerorum ac vexationem virginum Vestalium perhorresco, et, quia mihi vehementer haec videntur misera atque miseranda, idcirco in eos, qui ea perficere voluerunt, me severum vehementemque praebebo. Etenim quaero, siquis pater familias, liberis suis a servo interfectis, uxore occisa, incensa domo, supplicium de servo *non* quam** acerbissimum sumpserit, utrum is clemens ac misericors an inhumanissimus et crudelissimus esse videatur? Mihi vero importunus ac fer-

* *Exsolvet* Madvig (so mit Recht auch Dyck): *exoluitis* s (Monacensis, olim Salisburgiensis, 12. Jh.), b (Monacensis, olim Benedictoburanus, 12. Jh.): *Liberabit* Clark (so auch Fuhrmann); *a crudelitatis vituperatione prohibebo* Kornitzer (so auch Klose und M.).
** *Servo* Lactantius (mit ihm M.): *servis* αβγ. *Non quam* Lambinus: *numquam* Lactantius: *quam* αβγ.

der dem Volk lieb und wert ist; wenn ihr aber lieber dem Antrag des Silanus folgen wollt, so wird das römische Volk mich und euch leicht vom Vorwurf der Grausamkeit freisprechen, und ich werde beweisen, dass diese Entscheidung die bei weitem mildere gewesen ist. Indessen, ihr Senatoren, was kann es überhaupt für Grausamkeit geben bei der Bestrafung eines so schweren, unmenschlichen Verbrechens? Ich urteile nämlich nach meinem Empfinden; denn – so wahr ich mir zusammen mit euch wünsche, mich eines wohlbehaltenen Gemeinwesens zu erfreuen! – wenn ich in diesem Fall leidenschaftlicher bin als sonst, lasse ich mich nicht von seelischer Grausamkeit bestimmen – denn wer ist milder als ich? –, sondern von einer geradezu einzigartigen Regung der Menschlichkeit und Barmherzigkeit. Mir ist nämlich, als sähe ich diese Stadt, die Leuchte des Erdkreises, den Hort aller Völker, plötzlich in einer einzigen Feuersbrunst in Staub und Asche sinken. Im Geiste sehe ich im zu Grabe getragenen Vaterland erbarmungswürdige unbestattete Leichenhaufen – die Bürger Roms –, vor Augen steht mir der Anblick des Cethegus, sein Wüten und sein Frohlocken, indem er euch niedermetzelt. (12) Vollends, wenn ich mir Lentulus als König vorstelle – denn das erhoffte er sich auf Grund von Schicksalssprüchen,[140] wie er selbst eingestanden hat –, mit ihm diesen Gabinius als Minister in Purpur[141] und dazu noch den Einmarsch Catilinas samt seinem Heer, da erschaure ich über das Wehklagen der Familienmütter, über die Flucht der Mädchen und Knaben und die Misshandlung der vestalischen Jungfrauen. Und weil mir dies höchst jammervoll und bejammernswert erscheint, darum werde ich gegen diejenigen, die dies verwirklichen wollten, streng und scharf vorgehen. Denn ich frage: Ein Familienvater, dem ein Sklave die Kinder getötet, die Frau ermordet, das Haus angezündet hat und der dann seine Sklaven *nicht* strengstens bestraft – erscheint der euch milde und barmherzig, oder nicht vielmehr

reus, qui non dolore et cruciatu nocentis suum dolorem cruciatumque lenierit. Sic nos in his hominibus, qui nos, qui coniuges, qui liberos nostros trucidare voluerunt, qui singulas uniuscuiusque nostrum domos et hoc universum rei publicae domicilium delere conati sunt, qui id egerunt, ut gentem Allobrogum in vestigiis huius urbis atque in cinere deflagrati imperî conlocarent, si vehementissimi fuerimus, misericordes habebimur; sin remissiores esse voluerimus, summae nobis crudelitatis in patriae civiumque pernicie fama subeunda est. (13) Nisi vero cuipiam L. Caesar, vir fortissimus et amantissimus rei publicae, crudelior nudius tertius visus est, cum sororis suae, feminae lectissimae, virum praesentem et audientem vita privandum esse dixit, cum *iure** avum suum iussu consulis interfectum filiumque eius impuberem legatum a patre missum in carcere necatum esse dixit. Quorum quod simile factum, quod initum delendae rei publicae consilium? Largitionis voluntas tum in re publica versata est et partium quaedam contentio. Atque illo tempore huius avus Lentuli, vir clarissimus, armatus Gracchum est persecutus. Ille etiam grave tum volnus accepit, ne quid de summa rei publicae minueretur; hic ad evertenda fundamenta rei publicae Gallos accersit, servitia concitat, Catilinam vocat, attribuit nos trucidandos Cethego et ceteros civîs interficiendos Gabinio, urbem inflammandam Cassio, totam Italiam vastandam diripiendamque Catilinae. Vereamini minus, censeo, ne in hoc scelere tam im-

* *Iure* Eberhard und nach ihm M., worin ihm Dyck nicht folgt.

unmenschlich und höchst grausam? Mir wenigstens kommt er unerträglich hartherzig vor, wenn er seinen Schmerz und seine Qual nicht durch Schmerz und Qual des Schuldigen lindert. So werden wir als milde gelten, wenn wir mit äußerster Schärfe gegen die vorgehen, die uns, unsere Frauen, unsere Kinder niedermetzeln wollten, die das Haus jedes Einzelnen von uns und diese ganze Heimstatt des Gemeinwesens zu vernichten suchten, die darauf hinarbeiteten, den Stamm der Allobroger auf den Resten dieser Stadt und auf der Asche des verbrannten Imperiums anzusiedeln. Wenn wir uns aber allzu nachsichtig verhalten wollen, müssen wir den üblen Ruf auf uns laden, wir hätten uns beim Untergang des Vaterlandes und der Mitbürger höchst gefühllos und grausam verhalten. (13) Es sei denn, Lucius Caesar,[142] ein Mann voll Tatkraft und Vaterlandsliebe, wäre jemandem allzu grausam erschienen, als er vorgestern erklärte, der Mann seiner vortrefflichen Schwester, der anwesend war und dies mit anhörte, habe sein Leben verwirkt, denn, wie er sagte, war sein Großvater[143] auf Befehl des Konsuls getötet worden, und ebenso hatte dessen unmündiger Sohn (den sein Vater als Gesandten geschickt hatte) im Gefängnis den Tod gefunden. Was hatten diese Vergleichbares verbrochen, welchen Plan zur Vernichtung des Staates gefasst? Eine Neigung zu Schenkungen an das Volk herrschte damals im Staate und ein gewisser Parteienstreit.[144] Und damals hat der erlauchte Großvater dieses Lentulus den Gracchus mit der Waffe verfolgt. Er erlitt sogar eine schwere Verwundung, damit das Gesamtwohl des Gemeinwesens keinen Schaden nehme. Der heutige Lentulus aber holt die Gallier ins Land, um die Grundfesten des Gemeinwesens umzustoßen, hetzt die Sklaven auf, ruft den Catilina, teilt uns dem Cethegus zur Abschlachtung zu, die restlichen Bürger dem Gabinius zur Ermordung, die Stadt dem Cassius, um sie niederzubrennen, ganz Italien gar dem Catilina, um es zu verwüsten und auszu-

mani ac nefando aliquid severius* statuisse videamini: multo magis est verendum, ne remissione poenae crudeles in patriam quam ne severitate animadversionis nimis vehementes in acerbissimos hostîs fuisse videamur.

7 (14) Sed ea, quae exaudio, patres conscripti, dissimulare non possum. Iaciuntur enim voces, quae perveniunt ad aurîs meas, eorum, qui vereri videntur, ut habeam satis praesidî ad ea quae vos statueritis hodierno die transigenda. Omnia et provisa et parata et constituta sunt, patres conscripti, cum mea summa cura atque diligentia tum multo etiam maiore populi Romani ad summum imperium retinendum et ad communîs fortunas conservandas voluntate. Omnes adsunt omnium ordinum homines,** omnium denique aetatum; plenum est forum, plena templa circum forum, pleni omnes aditus huius templi ac loci. Causa est enim post urbem conditam haec inventa sola, in qua omnes sentirent unum atque idem praeter eos, qui, cum sibi viderent esse pereundum, cum omnibus potius quam soli perire voluerunt. (15) Hosce ego homines excipio et secerno libenter neque in improborum civium, sed in acerbissimorum hostium numero habendos puto. Ceteri vero – di immortales! – qua frequentia, quo studio, qua virtute ad communem salutem dignitatemque consentiunt! Quid ego hic equites Romanos commemorem? Qui vobis ita summam

* *Vereamini minus, censeo, ne … aliquid severius* Clark, Fuhrmann: *vereamini censeo, ne … nimis aliquid severe* β; so auch M. und Dyck (der jedoch *aliquid severius* liest).

** Die Herausgeber schieben hier mit Putsche *omnium generum* ein (auch M. und Dyck).

plündern. Meines Erachtens solltet ihr weniger befürchten, es könnte so aussehen, als hättet ihr bei diesem so unmenschlichen und frevelhaften Verbrechen einen allzu strengen Beschluss gefasst; man muss sich weit mehr vor dem Anschein in Acht nehmen, wir seien durch Verhängung einer milden Strafe grausam gegen das Vaterland gewesen, als davor, wir seien mit einer strengen Strafe allzu scharf gegen unsere erbittertsten Feinde vorgegangen.

7 (14) Aber, was ich deutlich höre, Senatoren, kann ich nicht verhehlen. Es gehen nämlich Stimmen um, die mir zu Ohren kommen, von Leuten, die zu fürchten scheinen, ich hätte nicht genügend Schutzmannschaften, um eure heutigen Beschlüsse in die Tat umzusetzen. Alles ist vorgesehen, vorbereitet und festgesetzt, Senatoren, sowohl mit größter Sorgfalt und Gewissenhaftigkeit meinerseits als auch noch viel mehr durch den Willen des römischen Volkes, seine Oberhoheit zu behalten und die Wohlfahrt aller zu wahren. Alle sind zur Stelle: Menschen aller Stände, ja aller Altersgruppen. Voll ist das Forum, voll sind die Tempel um das Forum, voll alle Zugänge zu diesem Tempel,[145] zu diesem Platz. Seit Gründung der Stadt hat sich dies nämlich als die einzige Sache erwiesen, bei der alle ein und dasselbe empfinden – außer Leuten, die, ihren sicheren Untergang vor Augen, lieber mit allen zusammen als allein untergehen wollten. (15) Diese schließe ich aus, trenne sie gerne ab und glaube, sie zählten nicht zu den schlechten Bürgern, sondern zu unseren erbittertsten Feinden. Die Übrigen jedoch – o ihr unsterblichen Götter! –, in welch großer Zahl, mit welchem Eifer, mit welcher Tatkraft sind sie sich einig – zum Wohle der Allgemeinheit und zur Wahrung ihrer Würde! Was soll ich also hier eigens die römischen Ritter erwähnen, die euch zwar den Vortritt im Rang und in der Regierungsgewalt einräumen, aber mit euch in der Liebe zum Gemeinwesen wetteifern. Nach langjähriger Zwietracht mit

ordinis consilîque concedunt, ut vobiscum de amore rei publicae certent; quos ex multorum annorum dissensione huius ordinis ad societatem concordiamque revocatos hodiernus dies vobiscum atque haec causa coniungit. Quam si coniunctionem in consulatu confirmatam meo perpetuam in re publica tenuerimus, confirmo vobis nullum posthac malum civile ac domesticum ad ullam rei publicae partem esse venturum. Pari studio defendendae rei publicae convenisse video tribunos aerarios, fortissimos viros; scribas item universos quos, cum casu hic dies ad aerarium frequentasset, video ab exspectatione sortis ad salutem communem esse conversos. (16) Omnis ingenuorum adest multitudo, etiam tenuissimorum. Quis est enim, cui non haec templa, aspectus urbis, possessio libertatis, lux denique haec ipsa et commune patriae solum cum sit carum tum vero dulce atque iucundum?

**8** Operae pretium est, patres conscripti, libertinorum hominum studia cognoscere, qui sua virtute fortunam huius civitatis consecuti vere hanc suam patriam esse iudicant, quam quidam hic nati, et summo nati loco, non patriam suam, sed urbem hostium esse iudicaverunt. Sed quid ego hosce homines ordinesque* commemoro, quos privatae fortunae, quos communis res publica, quos denique libertas ea, quae dulcissima est, ad salutem patriae defendendam excitavit? Servus est nemo, qui modo tolerabili condicione sit servitutis, qui non audaciam civium perhorrescat, qui non haec stare cupiat, qui non quantum audet et quantum potest conferat ad communem salutem voluntatis.

* *Homines ordinesque* s (Monacensis, olim Salisburgiensis, 12. Jh.), b (Monacensis, olim Benedictoburanus, 12. Jh.), x (Laurentianus, 10. Jh.), Dyck: *ordines atque homines* V (Vossianus, 10. Jh.), so auch Clark, Fuhrmann, Klose, M.

unserem Stande haben sie sich zur Gemeinschaft und zur Eintracht zurückrufen[146] lassen, und der heutige Tag und diese unsere gemeinsame Sache verbinden sie mit euch. Wenn wir diesen Zusammenhalt, der sich unter meinem Konsulat gefestigt hat, in unserem Staat auf die Dauer bewahren, darf ich euch versichern, dass künftig kein aus der Bürgerschaft oder von innen kommendes Übel auch nur irgendeinen Teil des Gemeinwesens befallen wird. Von dem gleichen Eifer für die Verteidigung der Verfassung beseelt, sind, wie ich sehe, die so tüchtigen Ärartribunen[147] zusammengekommen; ebenso sehe ich, dass sämtliche Schreiber[148], die zufällig der heutige Tag[149] hier an der Staatskasse zusammenströmen ließ, sich von der Erwartung des Loses dem Wohl der Gesamtheit zugewandt haben. (16) Zur Stelle ist auch die ganze Menge der frei Geborenen, selbst der Geringsten. Denn wem wären nicht diese Tempel, der Anblick der Stadt, der Besitz der Freiheit, ja dieses Tageslicht und der gemeinsame Grund und Boden des Vaterlandes nicht nur teuer, sondern sogar lieb und wohltuend?

**8** Es ist der Mühe wert, Senatoren, den Eifer der Freigelassenen zur Kenntnis zu nehmen, die dank ihrer Tüchtigkeit das Glück dieses Bürgerrechts erlangt haben und mit Recht dies für ihr wahres Vaterland halten, das gewisse Leute, die hier geboren und noch dazu von höchstem Stande sind, nicht für ihr Vaterland, sondern für eine feindliche Stadt gehalten haben. Doch wozu erwähne ich diese Menschen und Stände, die persönlicher Wohlstand, die das gemeinsame Staatswesen, die schließlich jene Freiheit, die uns das Liebste ist, dazu aufgerufen hat, das Wohl des Vaterlandes zu verteidigen? Es gibt keinen Sklaven, sofern er unter erträglichen Bedingungen seinen Dienst versieht, der nicht verwegene Anschläge von Bürgern verabscheut, der nicht wünscht, all dies hier möge fortbestehen, der nicht zum gemeinsamen Wohl mit so viel gutem Willen beiträgt, wie er es wagen kann und wie er vermag.

(17) Quare si quem vestrum forte commovet hoc, quod auditum est, lenonem quendam Lentuli concursare circum tabernas, pretio sperare sollicitari posse animos egentium atque imperitorum, est id quidem coeptum atque temptatum, sed nulli sunt inventi tam aut fortuna miseri aut voluntate perditi, qui non illum ipsum sellae atque operis et quaestus cotidiani locum, qui non cubile ac lectulum suum, qui denique non cursum hunc otiosum vitae suae salvum esse velint. Multo vero maxima pars eorum, qui in tabernis sunt, immo* vero – id enim potius est dicendum – genus hoc universum amantissimum est otî. Etenim omne instrumentum, omnis opera atque quaestus frequentia civium sustentatur, alitur otio; quorum si quaestus occlusis tabernis minui solet, quid tandem incensis futurum fuit? (18) Quae cum ita sint, patres conscripti, vobis populi Romani praesidia non desunt; vos ne populo Romano deesse videamini providete.

**9** Habetis consulem ex plurimis periculis et insidiis atque ex media morte non ad vitam suam sed ad salutem vestram reservatum. Omnes ordines ad conservandam rem publicam mente, voluntate, studio, virtute, voce consentiunt. Obsessa facibus et telis impiae coniurationis vobis supplex manus tendit patria communis, vobis se, vobis vitam omnium civium, vobis arcem et Capitolium, vobis aras Penatium, vobis illum ignem Vestae sempiternum, vobis omnium deorum templa atque delubra, vobis muros atque urbis tecta commendat. Praeterea de vestra vita, de coniugum vestrarum atque liberorum anima, de fortunis omnium, de sedibus, de focis vestris hodierno die vo-

* *Immo* mit dem Korrektor einer Oxforder Handschrift (D'Orville 79. 16957, um 1417), akzeptiert von den meisten Herausgebern: *nisi* αβγ (Kasten; M.; Dyck).

(17) Darum, wenn vielleicht einen von euch das beunruhigt, wovon man gehört hat, nämlich dass ein Kuppler im Auftrag des Lentulus von Laden zu Laden eile in der Hoffnung, Arme und Unerfahrene aufwiegeln zu können: Das ist zwar angefangen und versucht worden, doch fanden sich keine, die so arm an Gütern oder so verworfen in ihrer Gesinnung waren, dass sie nicht eben jenen Platz ihres Schemels, ihrer täglichen Arbeit und ihres Gewerbes, die nicht ihr Bett und ihre Lagerstatt, die nicht überhaupt diesen ruhigen Fortgang ihres Lebens bewahrt sehen wollten. In der Tat liebt der größte Teil derer, die in den Verkaufsbuden sitzen – ja vielmehr, so muss man eher sagen, dieser ganze Menschenschlag – vor allem andern seine Ruhe. Denn jeder Betrieb, jede Dienstleistung, jedes Gewerbe wird durch zahlreiche Kundschaft aufrechterhalten, durch ruhige Verhältnisse gefördert. Wenn sich deren Gewinn durch Schließung der Läden verringert, was sollte gar geschehen, wenn diese niedergebrannt werden! (18) Unter diesen Umständen, Senatoren, fehlt es euch nicht an Schutz durch das römische Volk; vielmehr müsst ihr zusehen, dass es nicht den Anschein hat, ihr ließet das römische Volk im Stich!

**9** Ihr habt einen Konsul, der aus zahllosen Gefahren und Nachstellungen und mitten aus Todesgefahr gerettet wurde, nicht zu einem Leben für sich selbst, sondern zu eurem Wohl. Alle Stände sind sich in der Gesinnung, im Willen, im Eifer, im Einsatz und im Bekenntnis einig, den Staat zu retten. Von Brandfackeln und Geschossen der unheiligen Verschwörung umlagert, streckt das gemeinsame Vaterland euch flehend die Hände entgegen, ans Herz legt sie euch das Leben aller Bürger, Burg und Capitol, die Altäre der Hausgötter, das ewige Feuer der Vesta, euch aller Götter Tempel und Heiligtümer, die Mauern und Dächer der Stadt. Außerdem müsst ihr heute entscheiden über eure Existenz, über das Leben eurer Frauen und Kinder, über das Vermögen aller, über euer Heim, euren Herd.

bis iudicandum est. (19) Habetis ducem memorem vestri, oblitum sui, quae non semper facultas datur; habetis omnîs ordines, omnîs homines, universum populum Romanum, id quod in civili causa hodierno die primum videmus, unum atque idem sentientem. Cogitate, quantis laboribus fundatum imperium, quanta virtute stabilitam libertatem, quanta deorum benignitate auctas exaggeratasque fortunas una nox paene delerit. Id ne umquam posthac non modo confici sed ne cogitari quidem possit a civibus, hodierno die providendum est. Atque haec non ut vos, qui mihi studio paene praecurritis, excitarem, locutus sum, sed ut mea vox, quae debet esse in re publica princeps, officio functa consulari videretur.

**10** (20) Nunc antequam ad sententiam redeo, de me pauca dicam. Ego, quanta manus est coniuratorum, quam videtis esse permagnam, tantam me inimicorum multitudinem suscepisse video; sed eam turpem iudico et infirmam et abiectam. Quodsi aliquando alicuius furore et scelere concitata manus ista plus valuerit quam vestra ac rei publicae dignitas, me tamen meorum factorum atque consiliorum numquam, patres conscripti, paenitebit. Etenim mors, quam illi fortasse minitantur, omnibus est parata: vitae tantam laudem, quanta vos me vestris decretis honestastis, nemo est adsecutus; ceteris enim bene gesta, mihi uni conservata re publica gratulationem decrevistis. (21) Sit Scipio clarus ille, cuius consilio atque virtute Hannibal in Africam redire atque Italia decedere coactus est, ornetur alter eximia laude Africanus, qui duas urbîs huic imperio infestissimas Karthaginem Numantiamque delevit, habea-

(19) Ihr habt einen Mann an der Spitze, der an euch denkt und sich selbst vergisst, ein Fall, der nicht immer gegeben ist. Ihr seht alle Stände, alle Menschen, das ganze römische Volk – was wir bei einem bürgerlichen Konflikt heute zum ersten Mal erleben – von ein und derselben Empfindung durchdrungen. Bedenkt: Das Imperium, das unter so großen Mühen gegründet, die Freiheit, die mit so viel Tatkraft gefestigt, den Wohlstand, der dank solch hoher Gnade der Götter vermehrt und vergrößert worden ist, – all dies hätte eine einzige Nacht[150] beinahe vernichtet. Heute muss man dafür sorgen, dass dies in Zukunft nie wieder von Bürgern getan, ja nicht einmal gedacht werden kann. Und dies habe ich gesagt, nicht etwa um euch anzutreiben, da ihr mir ja in eurem Eifer beinahe vorauseilt, sondern um mit meiner Stimme, die im Staat die erste sein muss, meine Pflicht als Konsul zu erfüllen.

**10** (20) Bevor ich nun auf den Beschlussantrag zurückkomme, will ich einiges Wenige über mich sagen. Ich sehe, dass ich mir eine Menge Feinde zugezogen habe, die so groß ist wie die Schar der Verschworenen (und ihr seht, dass sie sehr zahlreich ist); aber ich halte sie für schimpflich, schwach, verachtenswert und erbärmlich. Sollte aber einmal diese Schar, von Raserei und Frevelmut aufgewiegelt, mächtiger sein als eure Hoheit und die des Gemeinwesens, werde ich trotzdem, was ich getan und wozu ich geraten habe, niemals bereuen. Der Tod nämlich, den jene mir vielleicht androhen, steht allen bevor; im Leben aber hat keiner so hohen Ruhm erlangt, wie ihr ihn mir durch eure Beschlüsse gewährt habt; denn den anderen habt ihr ein Dankfest für gute Staatsführung, mir allein aber für Rettung des Staates zuerkannt. (21) Mag jener Scipio[151] berühmt sein, durch dessen Rat und Tat Hannibal gezwungen wurde, nach Afrika zurückzukehren und Italien zu verlassen, mag der andere Africanus mit außergewöhnlichem Lob verherrlicht werden, der zwei diesem Imperium überaus feindliche Städte

tur vir egregius Paulus ille, cuius currum rex potentissimus quondam et nobilissimus Perses honestavit, sit aeterna gloria Marius, qui bis Italiam obsidione et metu servitutis liberavit, anteponatur omnibus Pompeius, cuius res gestae atque virtutes îsdem quibus solis cursus regionibus ac terminis continentur: erit profecto inter horum laudes aliquid loci nostrae gloriae, nisi forte maius est patefacere nobis provincias, quo exire possimus, quam curare, ut etiam illi, qui absunt, habeant, quo victores revertantur. (22) Quamquam est uno loco condicio melior externae victoriae quam domesticae, quod hostes alienigenae aut oppressi serviunt aut recepti* beneficio se obligatos putant, qui autem ex numero civium dementia aliqua depravati hostes patriae semel esse coeperunt, eos cum a pernicie rei publicae reppuleris, nec vi coercere nec beneficio placare possis. Quare mihi cum perditis civibus aeternum bellum susceptum esse video. Id ego vestro bonorumque omnium auxilio memoriaque tantorum periculorum, quae non modo in hoc populo, qui servatus est, sed in omnium gentium sermonibus ac mentibus semper haerebit, a me atque a meis facile propulsari posse confido. Neque ulla profecto tanta vis reperietur, quae coniunctionem vestram equitumque Romanorum et tantam conspirationem bonorum omnium confringere et labefactare possit.

**11** (23) Quae cum ita sint, pro imperio, pro exercitu, pro provincia, quam neglexi, pro triumpho ceterisque laudis insigni-

* *Recepti* αγ (Clark, Fuhrmann, Klose, M.): *recepti in amicitiam* sb (die beiden Monacenses, 12. Jh.); M. im Apparat »fortasse recte«; Dyck.

vernichtet hat – Karthago und Numantia –, mag jener Paullus als hervorragender Mann gelten, dessen Triumphwagen der einstmals mächtigste und angesehenste König Perses zierte, mag Marius ewigen Ruhm genießen, der Italien zweimal von Belagerung und Furcht vor Versklavung befreit hat, mag man ihnen allen Pompeius vorziehen, dessen gewaltige Großtaten sich so weit über die Erde erstrecken wie der Lauf der Sonne: Beim Lob auf diese Männer wird wahrlich auch für meinen Ruhm etwas Raum bleiben, es sei denn, es wäre wichtiger, uns Provinzen zu erschließen, in die wir hinausgehen können, als dafür zu sorgen, dass auch jene, die in der Ferne weilen, einen Ort haben, an den sie als Sieger heimkehren können. (22) Indessen ist in einer Beziehung die Lage bei einem auswärtigen Sieg günstiger als bei einem heimischen: Fremdländische Feinde sind entweder, einmal besiegt, uns dienstbar oder sie fühlen sich, hat man sie in Gnaden angenommen, durch diese Wohltat verpflichtet. Leute aber aus dem Kreis der Bürger, die in ihrem Wahnwitz einmal angefangen haben, Feinde des Vaterlandes zu sein, lassen sich, hat man sie von der Vernichtung des Gemeinwesens abgehalten und zurückgeschlagen, weder mit Gewalt bändigen noch durch eine Wohltat besänftigen. Darum sehe ich, dass ich mir gegen verworfene Bürger einen ewigen Krieg aufgeladen habe. Ich vertraue aber darauf, dass ich und die Meinen ihn leicht abwehren können – dank eurer Hilfe und der aller Gutgesinnten und dank der Erinnerung an so große Gefahren, die nicht nur in diesem Volk, das gerettet worden ist, sondern in den Reden und Gedanken aller Völker stets erhalten bleiben wird. In der Tat wird sich keine Macht finden, die den Zusammenhalt zwischen euch und den römischen Rittern und die so große Einmütigkeit aller Gutgesinnten zerbrechen oder ins Wanken bringen könnte.

**11** (23) Da dem so ist, erbitte ich von euch statt des Oberbefehls, statt des Heeres, statt der Provinz, auf die ich verzichtet

bus, quae sunt a me propter urbis vestraeque salutis custodiam repudiata, pro clientelis hospitiisque provincialibus, quae tamen urbanis opibus non minore labore tueor quam comparo, pro his igitur omnibus rebus, pro meis in vos singularibus studiis proque hac, quam perspicitis, ad conservandam rem publicam diligentia nihil a vobis nisi huius temporis totiusque mei consulatus memoriam postulo: quae dum erit in vestris fixa mentibus, tutissimo me muro saeptum esse arbitrabor. Quodsi meam spem vis improborum fefellerit atque superaverit, commendo vobis parvum meum filium, cui profecto satis erit praesidî non solum ad salutem verum etiam ad dignitatem, si eius, qui haec omnia suo solius periculo conservarit, illum filium esse memineritis. (24) Quapropter de summa salute vestra populique Romani, de vestris coniugibus ac liberis, de aris ac focis, de fanis atque templis, de totius urbis tectis ac sedibus, de imperio ac libertate, de salute Italiae, de universa re publica decernite diligenter, ut instituistis, ac fortiter. Habetis eum consulem qui et parere vestris decretis non dubitet et ea, quae statueritis, quoad vivet, defendere et per se ipsum praestare possit.

habe,[152] statt des Triumphs und der übrigen ehrenvollen Auszeichnungen, die ich verschmäht habe, um über das Wohl der Stadt und euer Wohl zu wachen, statt der Schutz- und Gastfreundschaften in der Provinz, die ich trotzdem mit den Möglichkeiten, die mir in der Stadt geboten sind, mit ebenso großer Anstrengung bewahre wie ich sie erwerbe – für all dies, für meinen einzigartigen Einsatz für euch und für meine Umsicht bei der Rettung des Gemeinwesens – ihr habt sie vor Augen – verlange ich von euch nichts außer dem Gedenken an diese Zeit und an mein ganzes Konsulat. Hat sich nur dies in eure Herzen eingeprägt, werde ich mich von der sichersten Mauer umhegt wissen. Sollte aber die Macht der Ruchlosen meine Hoffnung enttäuschen und den Sieg davontragen, empfehle ich euch meinen kleinen Sohn, für den es in der Tat – nicht nur für sein Wohl, sondern auch für seine Würde – ein genügender Schutz sein wird, wenn ihr euch daran erinnert, dass er der Sohn des Mannes ist, der allein alle Gefahr auf sich nahm, um all dies zu retten. (24) Darum entscheidet über euer gesamtes Wohl, das Wohl des römischen Volkes, über eure Frauen und Kinder, über Altäre und heimische Herde, über Heiligtümer und Tempel, Häuser und Wohnungen der ganzen Stadt, über Reich und Freiheit, die Rettung Italiens, über das Gemeinwesen insgesamt – und entscheidet so, wie ihr es angefangen habt: umsichtig und mutig. Ihr habt einen Konsul, der ohne Zögern euren Beschlüssen gehorchen will und der imstande ist, was ihr festsetzt, zu verfechten, solange er lebt, und mit seiner Person dafür einzustehen.

# Anhang

# Zu dieser Ausgabe

Im kritischen Apparat unterhalb des lateinischen Texts sind Abweichungen von dem jetzt maßgebenden Text von T. Maslowski (München und Leipzig 2003) vermerkt. Bei Ergänzungen von Lücken wurden möglichst die Namen der Urheber genannt. Allgemein zeigt Maslowski (im kritischen Apparat M.), dass die Aufteilung der Überlieferung auf drei Klassen (Alpha, Beta, Gamma) auf die Antike zurückgeht. Deshalb berücksichtigt M. die Traditionen Beta und Gamma stärker als frühere Herausgeber. Verdienstvoll ist auch seine Auswertung der Papyri (wichtige Lesungen des Papyrus Barcinonensis (B 4./5. Jh.) werden hier jeweils zur Stelle angeführt).

# Anmerkungen zur Übersetzung

1 Des palatinischen Hügels, der in Rom ein strategisch wichtiger Punkt war.

2 Vgl. Sallust, *De coniuratione Catilinae* 30,7: *Romae per totam urbem vigiliae habebantur.*

3 Sallust, *De coniuratione Catilinae* 31: *suo quisque metu pericula metiri.*

4 Die Elite der römischen Bürger, die in Ciceros Sicht durch den *consensus omnium bonorum* verbunden sind.

5 Die Sitzung fand im Tempel des Iuppiter Stator statt, am nördlichen Abhang des Palatiums (Plutarch, *Cicero* 16).

6 Nach Mommsens Datierung (*Römische Geschichte* III, S. 186) vom 7. auf den 8. November. Was in dieser Nacht geschah, ist unbekannt (vielleicht schickte Catilina damals seinen Legionsadler zu Manlius voraus? 1,9,24). Zur schwierigen Datierungsfrage übersichtlich Dyck 2008, S. 243 f. (Appendix 2).

7 Nach Mommsen vom 6. auf den 7. November. Damals fand die Versammlung im Hause des Laeca statt.

8 Kraft des Senatsbeschlusses vom 21. Oktober (*videant consules, ne quid detrimenti res publica capiat*). Der Notstand gibt den Konsuln Vollmachten, für die sonst ein Volksbeschluss notwendig wäre: das militärische Oberkommando und die richterliche Oberhoheit (auch zur Bestrafung von Bürgern), vgl. Sallust, *De coniuratione Catilinae* 29.

9 Als sich der Konsul Publius Mucius Scaevola 133 v. Chr. weigerte, gegen Tiberius Gracchus Gewalt anzuwenden, schritt Publius Scipio Nasica Serapio an der Spitze von Optimaten zur Tat: Tiberius Gracchus wurde zusammen mit 300 seiner Anhänger getötet. In Ciceros Sicht ist Nasica ein klassischer Tyrannenmörder.

10 Rhetorische Dämpfung, um Catilina als die größere Gefahr hervorzuheben.

11 Vgl. Livius, *periochae* 1,4 (439 v. Chr.). Spurius Maelius ließ bei einer Teuerung Getreide billig an die Plebs verkaufen; daraufhin ließ ihn der Dictator Cincinnatus »wegen Strebens nach der Königswürde« durch den *magister equitum* C. Servilius Ahala töten.

12 121 v. Chr.

13 Gaius Gracchus, der bekannte Sozialreformer (vgl. Velleius Paterculus 2,6). Sein Vater Tiberius Sempronius Gracchus (Consul 177 und 163 v. Chr., Censor 169) feierte Triumphe über die Keltiberer (178) und über die Sarder (175). Sein Großvater mütterlicherseits war P. Scipio Africanus maior (Velleius Paterculus 2,2,1).

14 Marcus Fulvius Flaccus, Konsul 125, ein Anhänger des Gaius Gracchus, beantragte, allen italischen Bundesgenossen das römische Bürgerrecht zu verleihen; vgl. Velleius Paterculus 2,6 und 2,7,2 (zum zweiten Sohn).

15 Im Jahr 100 v. Chr. ermächtigte ein *senatus consultum ultimum* die Konsuln Gaius Marius und Lucius Valerius Flaccus, gegen die Popularen Lucius Appuleius Saturninus und Gaius Servilius Glaucia Gewalt anzuwenden.

16 M. Gelzer datiert (*Realencyclopaedie der classischen Altertumswissenschaft* 7 A, 1959, s. v. *Tullius*, Sp. 877) mit F. Münzer und vielen anderen (Klose 1972, S. 119 f.) die erste Catilinarische Rede auf den 7. Nov. 63 v. Chr. So schon Asconius (zu *In Pisonem* p. 6), obwohl dieser selbst bemerkt, dass dies seit dem Notstandsbeschluss (21. Okt.) nicht der zwanzigste, sondern der achtzehnte Tag ist. Eine andere Datierung der ersten Rede gegen Catilina (8. Nov.) vertritt Mommsen (*Römische Geschichte* III, S. 186), dem wir hier (mit vielen anderen) folgen (z. B. Halm 1863; Syme 1964, S. 78; Dyck 2008, S. 243 f.). Auch W. Stroh (*Apocrypha. Entlegene Schriften*, Stuttgart 2000, S. 66) tendiert zu dieser Datierung (»wahrscheinlicher«).

17 Die Anrede bedeutet entweder »versammelte Väter« oder »Väter und Beigeordnete«. Die genaue Bedeutung war schon in der Antike umstritten.

18 Bei Faesulae, heute Fiesole, nördlich von Florenz, vgl. 2,6,14.

19 Den ironischen Klang von *credo* bringt Fuhrmanns Übersetzung zur Geltung (die aber nicht ohne Umstellungen auskommt): »… dann muss ich wohl befürchten, dass auch nur ein Rechtschaffener sagt, ich hätte allzu scharf durchgegriffen, und nicht vielmehr, dass alle behaupten, ich hätte zu spät gehandelt.«

20 *Quisquam* stellt die Existenz einer solchen Person in Frage (es steht in negativen oder hypothetischen Sätzen).

21 Praeneste (heute Palestrina) liegt etwa 30 km südöstlich von Rom.

22 Gaius Cornelius (vgl. Cicero, *Pro Sulla* 18 und 52) und Lucius Vargunteius (Sallust, *De coniuratione Catilinae* 28).

23 [22] Es war üblich, dass Klienten ihrem *patronus* früh morgens einen Besuch abstatteten, vielfach in der Hoffnung auf Empfehlungen und Geldspenden. Besonders bei einflussreichen Persönlichkeiten dehnte sich der Brauch auf Freunde und Bekannte aus. Eine große Zahl von Besuchern vermehrte das Prestige des so Geehrten.

24 Cicero deutet auf die Statue des Gottes, in dessen Tempel die Sitzung stattfindet, vgl. 1,13,33 (M. Fuhrmann z. St.).

25 Decimus Iunius Silanus, Lucius Licinius Murena sowie der (nicht gewählte) Servius Sulpicius Rufus.

26 Gleich einem Sklaven, der in der Nacht seinem Herrn mit der Fackel vorausleuchtet (Beobachtung von D. Klose).

27 Als Aurelia Orestilla aus Rücksicht auf ihren erwachsenen Stiefsohn die Werbung Catilinas zurückwies, soll Catilina diesen ermordet haben, um die Heirat zu ermöglichen (vgl. Sallust, *De coniuratione Catilinae* 15).

28 Cicero deutet an, dass nach dem Misslingen der Verschwörung an den nächsten Iden (also in der Mitte des Monats) die Aufkündigung der geliehenen Kapitalien zu erwarten sei.

29 Der Konsuln des Jahres 66 v. Chr. Es handelt sich um den Tag vor der beabsichtigten Ermordung der neuen Konsuln für das Jahr 65, Lucius Aurelius Cotta und Lucius Manlius Torquatus (sogenannte erste catilinarische Verschwörung).

30 Neben dem Forum lag das Comitium, der Platz für Volksversammlungen.

31 Die von Cicero (und Livius) öfters erwähnte *Fortuna populi Romani* erscheint mehrfach auf Münzen und Inschriften. Plutarch schrieb *Über die Tyche (= Fortuna) der Römer.* In Rom gab es mehrere alte Fortuna-Tempel. Auch andere Gemeinwesen hatten ihre *Fortuna publica.* Ihre eigene *Fortuna* hatten bestimmte Plätze oder Bauwerke (z. B. Bäder), Körperschaften (*Fortuna collegii fabrum*), Familien sowie einzelne Personen (z. B. *Fortuna Caesaris*). Den Unterschied zur griechischen Tyche erläutert K. Latte (*Römische Religionsgeschichte*, München 1960, S. 179): »Die Unberechenbarkeit des

Geschehens, die in der griechischen Tyche einen unpersönlichen Ausdruck gefunden hat, ist hier eigentlich aufgehoben in jenem optimistischen Anspruch, der auch sonst römische Religiosität bezeichnet.«

32 *Corpore:* durch Körperbewegung, also nicht durch Parieren des Schlages mit einer Waffe (Fechtersprache).

33 Catilinas Vergehen: Mord an Bürgern (während der sullanischen Proskriptionen 82/81 v. Chr.), Misshandlung von Bundesgenossen (Catilinas Statthalterschaft in Afrika 67/66 v. Chr.), Bestechung des Gerichtshofes, vor dem er wegen Erpressungen angeklagt war.

34 Von Lucius Aemilius Paullus wegen politischer Umtriebe angeklagt, bot sich Catilina einigen Adligen zur freien Haft an: Man solle nicht glauben, er wolle sich durch Flucht der Verantwortung entziehen.

35 Konsul 66 v. Chr.

36 Prätor 63, Konsul 60 v. Chr.

37 Über ihn weiß man nicht viel; er scheint nicht besonders intelligent gewesen zu sein.

38 Dieser Publius Sestius wird sich 57 für Ciceros Rückberufung aus dem Exil einsetzen, und Cicero wird ihn in der berühmten Rede *Pro Sestio* verteidigen (56 v. Chr.).

39 Marcus Claudius Marcellus, ein erbitterter Gegner Caesars, wird von diesem später (46 v. Chr.) öffentlich begnadigt (vgl. Ciceros Rede *Pro* [besser: *De*] *Marcello*), aber danach von unbekannter Hand ermordet.

40 Nahe bei Vulci an der *Via Aurelia* gelegen (heute Montalto).

41 Diesen Adler hatte angeblich schon Marius im Kimbernkrieg verwendet (Sallust, *De coniuratione Catilinae* 59). Der Raum, in dem die jeweilige Standarte aufbewahrt wurde, galt als heilig (vgl. 2,6,13).

42 Catilina bewarb sich um das Konsulat für 62 v. Chr. Cicero sagt, er habe zu verhindern gewusst, dass Catilina am Tag der Konsulwahlen mit offener Gewalt vorging. Gewählt wurden Decimus Iunius Silanus und Lucius Licinius Murena. Man beachte auch das Wortspiel *exsul-consul.*

43 Die *leges Valeriae* von 509, 449 und 300 v. Chr. gaben jedem Bürger das Recht, gegen Geißelung und Hinrichtung an das Volk zu appel-

lieren. Die (drei) *leges Porciae* (verschärft durch die *lex Sempronia* des Gaius Gracchus) verboten die Hinrichtung römischer Bürger und ersetzten diese durch Verbannung.

44 Cicero ist stolz darauf, seine Ämter im römischen Staat jeweils *suo anno*, also zum vorgeschriebenen frühesten Zeitpunkt erlangt zu haben.

45 Der reguläre Versammlungsort des Senats, am Comitium gelegen.

46 Das Heiligtum des Iuppiter Stator wurde der Sage nach von Romulus im Sabinerkrieg gelobt (Livius *Ab urbe condita* 1,12), der eigentliche Tempel wurde erst viel später erbaut (Livius *Ab urbe condita* 10,37,15). Der Titel Stator bezieht sich auf die Fähigkeit des Stabilisierens (ursprünglich der Schlachtordnung, hier: des Gemeinwesens).

47 Anrede an das römische Volk (die jeweils anwesenden Bürger qua Staatsbürger).

48 *Praetextatus:* Die *praetexta* ist eine mit Purpur verbrämte Toga, die Freigeborene bis zum 14. Lebensjahr trugen.

49 Über Publicius und Minucius ist nichts Näheres bekannt.

50 Quintus Metellus Celer, vgl. Anm. 36.

51 Landschaft in Mittelitalien an der Adria, um Ancona.

52 Die nördlich von Picenum gelegene Mark mit den Städten Sena Gallica, Fanum, Pisaurum, Ariminum, Ravenna.

53 Sullanische Veteranen, die ihr Vermögen verschwendet hatten.

54 Bei Amtsantritt machte der Prätor die Rechts- und Prozessnormen bekannt, nach denen er verfahren würde; das prätorische Amtsrecht war eine wichtige Quelle des römischen Rechtes.

55 Bei dem Besatz der Tunica mit Purpurstoffen wurde modischer Luxus getrieben.

56 Vom 5. zum 6. November (vgl. 1,1,1; 1,3,8 f.). Es müsste eigentlich »der drittletzten Nacht« heißen.

57 Die *Via Aurelia* führte entlang der Westküste Etruriens. Zum Lager des Manlius wäre die *Via Cassia* näher gewesen. Aber Catilina wollte den Anschein erwecken, er gehe nach Massilia (Marseille) ins Exil.

58 Zu den inneren Spannungen in Catilinas Wesen ausführlich: Cicero, *Pro Caelio* 5,12.

59 Gladiatoren kamen meist aus dem Sklavenstand oder waren Kriegsgefangene, standen also in geringem Ansehen.

60 Schauspieler waren in Rom meist Freigelassene oder Sklaven; für Freie galt das Auftreten im Theater als entehrend.

61 Besonders seit den letzten Konsulwahlen, die für Catilina und die Seinen enttäuschend waren.

62 Des Pompeius, der Sertorius, die Seeräuber und Mithridates besiegt hatte.

63 Beile und Rutenbündel: Amtsinsignien des Consuls, die Catilina nicht zustanden.

64 Hier hat Cicero auf seine erste Rede zurückgegriffen (vgl. 1,1,1; 1,6,16; 1,9,24).

65 Ironisch gemeint.

66 Heute Fiesole.

67 Marseille, ein von vornehmen Römern bevorzugter Verbannungsort.

68 *Dissolvi* heißt hier zugleich »sich von ihren Besitztümern lösen« und »sich schuldenfrei machen«.

69 Vgl. Cicero, *Pro Sulla* 56: »Durch den Verkauf der … Güter des Publius Sittius wurden seine Schulden abgelöst.«

70 D. h. eine Schuldentilgung.

71 Catilina erhoffte durch eine Revolution eine Aufhebung der Schulden, Cicero will dagegen die Schuldner zwingen, zur Schuldentilgung einen Teil ihres Besitzes zu veräußern.

72 Sullas Veteranen. Unter Sullas Koloniegründungen (und den damit verbundenen Äckerverteilungen) hatten besonders die Bewohner von Etrurien gelitten, die sich (wie die Samniten) am längsten für die Partei des Marius eingesetzt hatten.

73 Gemeint ist die Veränderung der Besitzverhältnisse unter Sulla.

74 Cicero nennt hier die drei Hauptakte des römischen Konkursverfahrens: 1. Die Parteien gingen ein *vadimonium* (eine »Bürgschaft«) ein, vor Gericht erscheinen zu wollen; 2. die Verhandlung vor dem Richter; 3. der Zwangsverkauf.

75 Zugleich: Hochverrätern.

76 Rom hatte damals nur einen Kerker, den *carcer Mamertinus* in der Nähe des Forums; ein Raum darin, das Tullianum, diente zur Voll-

streckung der Todesurteile (Sallust, *De coniuratione Catilinae* 55). Gefängnishaft als Strafe war im Recht der Republik nicht üblich.

77 Bartlos, um androgyn zu wirken.

78 Mit sehr gepflegtem Bart: entgegen der römischen Sitte: Man legte den ersten Bart im 21. Lebensjahr ab; Adlige ließen ihn nur zum Zeichen der Trauer wachsen.

79 Die Männertunica war ärmellos und reichte bis zu den Knien.

80 Es ist schon Dezember, die Nächte sind also kalt und lang.

81 Der Kriegsschauplatz in den Apenninen.

82 Das unübersetzbare *pietas* bezeichnet das innige Band zwischen Eltern und Kindern (je nach dem Zusammenhang Eltern- bzw. Kindesliebe), aber auch die Beziehung zum Vaterland (*pietas erga patriam*). Zugrunde liegt eine Vorstellung der Reinheit (zur Etymologie vgl. altlitauisch *peivas*, »rein«).

83 Die sogenannten vier Kardinaltugenden Platons und der Stoiker.

84 Hier auch der Hinrichtungsort.

85 Wörtlich: in der Toga, der Kleidung des römischen Bürgers, also nicht in militärischer Kleidung, nicht mit kriegerischen Mitteln. Man denkt an Ciceros Vers: *cedant arma togae* (»Waffengewalt soll der Zivilgewalt weichen«).

86 Romulus wurde zum Gott erhoben; ihm zu Ehren feierte man die Quirinalien (17. Februar).

87 Publius Lentulus Sura (Konsul 71 v. Chr.) wurde 70 wegen schlechten Lebenswandels aus dem Senat ausgestoßen, begann aber eine neue Ämterlaufbahn und war im Jahr 63 zum zweitenmal Prätor. Er hoffte, mit Catilinas Hilfe Diktator zu werden. Am 5. Dezember wurde er hingerichtet.

88 Ein keltischer Volksstamm im heutigen Savoyen; sie gehörten zur *Gallia ulterior*.

89 Oberitalien (das »cisalpine Gallien«) war bis 42 v. Chr. Provinz.

90 Brücke im Norden Roms, heute Ponte Molle.

91 Reate (heute Rieti) liegt im Sabinerland. Cicero war *patronus* der Reatiner (Cicero, *Pro Scauro* 27), konnte also auf ihre Ergebenheit besonders rechnen.

92 Man teilte die Nacht in vier Nachtwachen; die dritte Nachtwache endete also etwa um 3 Uhr morgens.

93 Publius Gabinius (nach Sallust war sein Cognomen: Capito), römischer Ritter. Mit *Cimber* soll Gabinius hier wohl als besonders gefährlicher Römerfeind gekennzeichnet werden (zum sprichwörtlichen Gebrauch vgl. Sallust, *Historiae* 1,55,17 *quasi Cimbricam praedam*; Velleius 2,120,1 *hostium . . ., qui Cimbricam Teutonicamque militiam Italiae minabantur*).

94 Lucius Statilius war Ritter, Gaius Cornelius Cethegus aber von senatorischem Rang. Ihm war die Ermordung der Senatoren zugewiesen (über seine Tatkraft und ungeduldige Entschlossenheit Sallust, *De coniuratione Catilinae* 43,2–4). Er war zur Ermordung Ciceros und später zum Anführer der in Rom verbliebenen Catilinarier bestimmt, doch konnte er sich nicht gegen den schwerfälligen Lentulus, der ihm an Alter und Rang überlegen war, durchsetzen.

95 Cicero treibt mit diesem Namen seinen Spott: *lentus*, »langsam«, vgl. auch 3,7,16.

96 Er erhielt die Zusicherung, falls er aussage, keine Strafe für Mittäterschaft befürchten zu müssen.

97 Lucius Cassius Longinus war Mitbewerber Ciceros um das Konsulat gewesen.

98 Die von Tarquinius Priscus oder Tarquinius Superbus erworbenen Sibyllinischen Bücher waren im Jahr 83 durch eine Feuersbrunst vernichtet und durch eine neue Sammlung ersetzt worden. Die *quindecimviri sacris faciundis* konnten auf Befehl des Senats Einblick nehmen.

99 Lucius Cornelius Cinna (Konsul 87 v. Chr., ermordet 84) war mit Marius ein erbitterter Gegner des L. Cornelius Sulla (Diktator 82–79).

100 Gemeint sind die Vestalischen Jungfrauen (vgl. auch Cicero, *Brutus* 236); der Verstoß einer Vestalin gegen das Keuschheitsgebot wurde mit einem Staatsopfer gesühnt. Vielleicht ist an den Prozess gedacht, in dem sich unter anderem Catilina wegen eines Verhältnisses zu der Vestalin Fabia, einer Schwägerin Ciceros, zu verantworten hatte.

101 83 v. Chr. Die Veranlassung des Brandes blieb unbekannt. Ein Brand des Capitols galt als Zeichen des Untergangs des Reiches.

102 Am 19. Dezember. Da an diesem Tag die Häuser der Vornehmen für Besuche von Klienten und Freunden offen standen, sollten als Besucher getarnte Mörder fast alle Senatoren niedermachen.

103 Cicero spricht hier und im Folgenden wiederholt im Pluralis maiestatis.

104 Kleine Holztäfelchen, deren Innenseite mit Wachs bestrichen war. Hier wurde die Mitteilung mit einem Griffel eingeritzt. Man band die Täfelchen zusammen und versiegelte den Knoten.

105 Publius Cornelius Lentulus, Konsul 162 v. Chr, vgl. 4,6,13.

106 D. h. auch der Sklaven.

107 Die designierten und die ehemaligen Konsuln, die auch zuerst abstimmten.

108 Gaius Antonius Hybrida (auf seine Unterstützung hatte Catilina gehofft). Cicero gewann ihn für die Sache des Senats, indem er ihm die ihm selbst zugedachte Provinz Makedonien überließ, vgl. 4,11,23.

109 Amtierende Würdenträger konnten nicht gerichtlich zur Verantwortung gezogen werden.

110 Die *libera custodia* (»freie Haft«) im Hause eines angesehenen Bürgers, der sich für den Betreffenden verbürgte.

111 Togaträger. Cicero ist stolz darauf, dass er den Aufstand ohne militärisches Eingreifen, allein mit den Mitteln der Zivilgewalt beenden konnte. Vgl. auch 2,13,28; 3,10,23.

112 Dieser fiel der bürgerlichen Lynchjustiz zum Opfer. Der Fall ist nur bedingt vergleichbar.

113 Der Westen war die Unglücksseite.

114 Im Jahr 65 v. Chr.

115 Die Vergabe öffentlicher Arbeiten war eigentlich Sache der Zensoren. In jenem Jahr hatten die Zensoren wegen Uneinigkeit ihr Amt niedergelegt, so dass die Konsuln die Arbeiten vergeben mussten.

116 Dort (an der Westseite des Forums) tagte der Senat am 3. Dezember.

117 Cicero begleitet diese Worte mit einer Geste: Er deutet auf die neue Iuppiter-Statue.

118 »Zu allen Götterpolstern«, d. h. in allen Tempeln. Die *pulvinaria* waren Polster, auf denen Götterstatuen ruhten; zu Bitt- und Dankfesten (*supplicationes*) gehörte ein Göttermahl (*lectisterni-*

*um*). Dankfeste wurden meist veranstaltet, wenn ein Feldherr einen bedeutenden Sieg errungen hatte.

119 In ziviler Kleidung, angeführt von einem Vertreter der Zivilgewalt, d. h. ohne Krieg, vgl. Anm. 111.

120 Der populare Politiker Publius Sulpicius Rufus suchte als Volkstribun im Jahre 88 durch ein Plebiszit den Oberbefehl gegen Mithridates von Sulla auf Marius zu übertragen. Darauf marschierte Sulla in Rom ein. Marius, Sulpicius und andere wurden geächtet. Sulpicius wurde auf der Flucht getötet, Marius aber starb erst 86, am Anfang seines 7. Konsulats.

121 Gnaeus Octavius war ein Anhänger Sullas. Er vertrieb im Jahr 87 Cinna, der die Begnadigung der von Sulla Verbannten beantragt hatte.

122 Das geschah Ende 87; beide erklärten sich hierauf zu Konsuln für das folgende Jahr.

123 Marcus Aemilius Lepidus, der Vater des späteren Triumvirn, war zunächst Sullaner, schlug sich aber als Konsul im Jahr 78 auf die andere Seite. Er wurde von seinem Kollegen Quintus Catulus, dem Sohn des Kimbernsiegers, besiegt und flüchtete nach Sardinien, wo er starb.

124 Gemeint ist Pompeius, vgl. 2,5,11; 4,10,21.

125 Cicero meint sich selbst, vgl. Anm. 103.

126 Cicero will auch nach Ablauf seiner Amtszeit hinter seinen bisherigen Leistungen nicht zurückbleiben, sondern ihnen durch sein Verhalten Ehre machen (*ornare*). (Ich glaube nicht, dass er hier auf die Abfassung seines Konsulatsgedichts Bezug nimmt.)

127 Das Marsfeld war der Ort wichtiger Volksversammlungen. Vor jeder Versammlung ließ der leitende Beamte durch Einholung der Auspizien den Götterwillen erkunden. In der Kurie (dem Rathaus) fanden Senatsversammlungen statt (vgl. 1,13,32).

128 Der kurulische Sessel des Konsuls.

129 Vgl. 3,4,9; 4,6,12.

130 Cicero nennt hier der Reihe nach: seinen Bruder Quintus, damals designierten Prätor, die Gattin Terentia, die Tochter Tullia, den zweijährigen Sohn Marcus und den Schwiegersohn Gaius Calpurnius Piso Frugi.

131 Da Piso damals noch nicht Senatsmitglied war, konnte er nur als lernbereiter Zuhörer vor den geöffneten Türen des Tempels stehen (dazu Plinius, *Epistulae* 8,14,4).

132 In den Wirren des Jahres 100 v. Chr., vgl. 1,2,4.

133 Der Senat hatte vorher beschlossen, der Denunziant solle, wenn er Sklave sei, die Freiheit und 100 000 Sesterze erhalten, wenn er ein Freier sei, Straflosigkeit und 200 000 Sesterze (Sallust, *De coniuratione Catilinae* 30,6).

134 Dazu vgl. 3,6,14 und Sallust, *De coniuratione Catilinae* 47,3.

135 Ein Senatsbeschluss war nur gültig, wenn er vor Sonnenuntergang abgefasst war.

136 Vgl. Sallust, *De coniuratione Catilinae* 21,3.

137 Silanus wurde als der für das nächste Jahr designierte Konsul als erster nach seiner Meinung gefragt. Caesar war designierter Prätor.

138 Nach diesem von Gaius Sempronius Gracchus im Jahr 123 eingebrachten Gesetz durfte über Leben und Tod eines römischen Bürgers nur mit Zustimmung des Volkes verhandelt werden. Dass Gracchus »auf Befehl (*iussu*) des Volkes« getötet worden sei, trifft nicht zu. Ob man (was naheliegt) das Gegenteil in den Text setzen darf (*iniussu*), ist jedoch sehr fraglich.

139 Von dieser Verschärfung der Strafe sah man später auf Caesars Vorschlag und unter Ciceros Vermittlung ab.

140 Vgl. 3,4,9.

141 *Purpurati* nannte man die prunkvoll gekleideten Minister in orientalischen Monarchien.

142 Lucius Iulius Caesar Strabo, Konsul im Jahr 64 v. Chr. Seine Schwester Iulia war in zweiter Ehe mit dem Verschworenen Publius Cornelius Lentulus verheiratet.

143 Der Vater der Mutter von L. Caesar Strabo, Marcus Fulvius Flaccus, Konsul im Jahr 125 v. Chr., war (zusammen mit seinen Söhnen) als Anhänger des Gaius Gracchus auf Befehl des Konsuls Lucius Opimius getötet worden (vgl. Cicero, *In Catilinam* 1,2,4).

144 Zur Zeit der Gracchen.

145 Dem Concordia-Tempel.

146 Die *lex iudiciaria* des Gaius Gracchus (122 v. Chr.) übertrug die richterliche Befugnis von den Senatoren auf die Ritter; im Jahr 70

v. Chr. verteilte das Gesetz des Lucius Aurelius Cotta die Gerichtsbarkeit unter Senatoren, Ritter und Ärartribunen.

147 Die Ärartribunen (ursprünglich mit der Erhebung der Kriegssteuer und der Auszahlung des Soldes befasst) bildeten als wohlhabende Mitglieder der Plebs einen eigenen Stand (*ordo*).

148 Die staatlich angestellten Schreiber (*scribae*) bildeten einen geachteten Stand, am angesehensten waren die den Quästoren zugeordneten *scribae quaestorii*, sie befassten sich mit dem staatlichen Rechnungswesen (zu diesen zählte z. B. der Dichter Horaz).

149 An den Nonen des Dezember traten die Quästoren ihr Amt an, und die *provincia quaestoria* wurde verlost. Auch für die Schreiber war an demselben Datum der Tag der Verlosung, die in dem neben der *aedes Concordiae* gelegenen Saturntempel stattfand.

150 Vom 2. auf den 3. Dezember.

151 Cicero verweist auf die großen Ereignisse der römischen Geschichte: das Ende des zweiten Punischen Krieges 201 v. Chr., das Ende von Karthago 146 v. Chr. und Numantia 133 v. Chr., den Sieg über Makedonien bei Pydna 168 v. Chr., die Siege des Marius über die Kimbern und Teutonen bei Aquae Sextiae 102 v. Chr. und Vercellae 101 v. Chr.

152 Vor den Konsulwahlen hatte der Senat die Provinzen zu bestimmen, die den Konsuln nach ihrem Ausscheiden aus dem Amt zuzuteilen waren. Cicero verzichtete auf das reichen Gewinn (und einen Triumph) versprechende Makedonien und überließ es seinem Kollegen Antonius, um diesen von der Verbindung mit Catilina abzubringen (vgl. Anm. 108). Sodann verzichtete er auch auf Gallien.

# Literaturhinweise

## Textausgaben [T], Kommentare [K], Anmerkungen [A], Übersetzungen [Ü]

Halm, K. (Hrsg.): Ciceros Reden gegen L. Sergius Catilina, für P. Cornelius Sulla und für den Dichter Archias, erklärt von K. Halm. Berlin: Weidmann, 5 1863. [TK]

Clark, A. C. (Hrsg.): Marci Tulli Ciceronis orationes. Vol. 1. Oxford: Clarendon, 1905. [Zahlreiche Neudrucke.]

Halm, K. / Sternkopf, W. (Hrsg.): Ciceros Reden gegen L. Sergius Catilina und für den Dichter Archias. Berlin: Weidmann, 15 1916. [TK]

Fuhrmann, M. (Hrsg.): Marcus Tullius Cicero. Reden. Bd. 2. Eingeleitet, übers. und erläutert von M. Fuhrmann. Zürich: Artemis, 1970. [ÜA, ohne T.]

Klose, D. (Hrsg.): Cicero. Vier Reden gegen Catilina. Lateinisch/Deutsch. Übers. und hrsg. von D. Klose. Mit einem Nachwort von K. Büchner. Stuttgart: Reclam, 1972. [TÜA]

Maslowski, T. (Hrsg.): M. Tullius Cicero. Scripta quae manserunt omnia. Fasc. 17: Orationes in L. Catilinam quattuor. München und Leipzig: Saur (Bibliotheca Teubneriana), 2003. [T, maßgebende Ausgabe.]

Dyck, A. R. (Hrsg.): Cicero. Catilinarians. Cambridge: Cambridge University Press, 2008. [TK]

Fuhrmann, M. (Hrsg.): Cicero. Gegen den Verschwörer Catilina. Vier Reden. Lateinisch/Deutsch. Mannheim: Albatros, 2011. [TÜ, ohne Einleitung und ohne Anmerkungen.]

Müller, A.: Cicero. Reden gegen Catilina. Vollständige Ausgabe und Kommentar. Münster: Aschendorff, 2013. [Mir noch nicht zugänglich.]

## Untersuchungen

Achard, G.: L'influence des jeunes lecteurs sur la rédaction des discours cicéroniens. In: G. Achard / M. Ledentu (Hrsg.): Orateur, auditeurs, lecteurs: à propos de l'éloquence romaine à la fin de la République et au début du principat. Lyon 2000. S. 75–88.

Adkin, N.: Hieronymus Ciceronianus. The Catilinarians in Jerome. In: Latomus 51 (1992) S. 408–420.
Albrecht, M. v.: Rom. Spiegel Europas. Tübingen [2]1998. S. 38–57.
– Cicero's Style. Leiden 2003.
– Meister römischer Prosa. Darmstadt [4]2012.
Assenmaker, P.: De la victoire au pouvoir. Développement de l'idéologie impératoriale à l'époque de Marius et Sylla. Brüssel 2014.
Batstone, W. W.: Cicero's construction of consular *ethos* in the First Catilinarian. In: Transactions of the American Philological Association 124 (1994) S. 211–266.
Bleicken, J.: Cicero und die Ritter. Göttingen 1995. [Abhandlungen der Akademie der Wissenschaften, philol.-hist. Kl. 3.213.]
Blom, H. van der: Cicero's Role Models. The Political Strategy of a Newcomer. Oxford 2010.
Bruggiser, P.: *Audacia* in Sallusts *Verschwörung des Catilina*. In: Hermes 130 (2002) S. 265–287.
Büchner, K.: Cicero. Bestand und Wandel seiner geistigen Welt. Heidelberg 1964.
Burckhardt, L. A.: Politische Strategien der Optimaten in der späten römischen Republik. Stuttgart 1957.
Cadoux, T. J.: Catiline and the Vestal Virgins. In: Historia 54 (2005) S. 162–179.
Cairns, F.: Lentulus' Letter. Cicero, *In Catilinam* 3.12. Sallust, *Bell. Cat.* 44,3–6. In: Historia 61 (2012) S. 78–82.
Cape, R. W.: The rhetoric of politics in Cicero's *Fourth Catilinarian*. In: American Journal of Philology 116 (1995) S. 255–277.
Classen, C. J.: Recht – Rhetorik – Politik. Darmstadt 1985.
– *Virtutes Romanorum*. Römische Tradition und griechischer Einfluss. In: C. J. Classen: Zu Literatur und Gesellschaft der Römer. Stuttgart 1998. S. 243–254.
Craig, C. P.: Self-restraint, invective, and credibility in Cicero's *first Catilinarian oration*. In: American Journal of Philology 128 (2007) S. 335–339.
Drexler, H.: Die catilinarische Verschwörung. Ein Quellenheft. Darmstadt 1976.
Ferrary, J.-L.: *Optimates* et *populares*. Le problème du rôle de l'idéologie

dans la politique. In: H. Bruhns u. a. (Hrsg.): Die späte römische Republik. Rom 1997. S. 221–231.
Fraenkel, E.: Leseproben aus Reden Ciceros und Catos. Rom 1968.
Freyburger, G.: *Fides*. Étude sémantique et religieuse depuis les origines jusqu'à l'époque augustéenne. Paris 1986.
Fuhrmann, M.: Cicero und die römische Republik. München/Zürich [3]1991.
Gelzer, M.: Cicero. Ein biographischer Versuch. Wiesbaden 1969.
Giebel, M.: Cicero. Mit Selbstzeugnissen und Bilddokumenten. Reinbek 1977, [15]2004.
Graff, J.: Ciceros Selbstauffassung. Heidelberg 1963.
Habicht, Chr.: Cicero der Politiker. München 1990.
Hellegouarc'h, J.: Le vocabulaire latin des relations et des partis politiques sous la République. Paris 1963.
Helm, Chr.: Zur Redaktion der ciceronischen Konsulatsreden. Diss. Göttingen 1979.
Highet, G.: The classical tradition. New York 1949.
Hinard, F.: Les proscriptions de la Rome républicaine. Rom 1985.
Hintzen, B.: Das Partizip Präsens in Ciceros Reden. Münster 1993.
Hutchinson, G. O.: Rhythm, style and meaning in Cicero's prose. In: Classical Quarterly 89 (1995) S. 485–499.
Kaplan, A.: Catiline. The man and his role in the Roman revolution. New York 1968.
Kaster, R. A.: Emotion, restraint and community in ancient Rome. New York 2005.
Keller, A.: Cicero und der gerechte Krieg. Stuttgart 2012.
Konstan, D.: Rhetoric and the crisis of legitimacy in Cicero's Catilinarian Orations. In: T. Poulakos (Hrsg.): Rethinking the History of Rhetoric. Boulder 1993. S. 11–30.
Köves-Zulauf, T.: Die Vorzeichen der catilinarischen Verschwörung. In: Acta Universitatis Scientiarum Debreceniensis 33 (1997) S. 219–227.
Kurczyk, S.: Cicero und die Inszenierung der eigenen Vergangenheit. Köln 2006.
Leovant-Cirefice, V.: Le rôle de l'apostrophe aux *Quirites* dans les discours de Cicéron adressés au people. In: G. Achard / M. Ledentu (Hrsg.): Orateur, auditeurs, lecteurs: à propos de l'éloquence romai-

ne à la fin de la République et au début du Principat. Lyon 2000. S. 43–55.
Lintott, A. W.: The constitution of the Roman Republic. Oxford 1999.
Loutsch, C.: L'exorde dans les discours de Cicéron. Brüssel 1994. [Bes. S. 295–300.]
Lundgren, C. (Hrsg.): Staatlichkeit in Rom? Diskurse und Praxis (in) der römischen Republik. Stuttgart 2014.
Mack, D.: Senatsreden und Volksreden bei Cicero. Würzburg 1937. Ndr. Hildesheim 1967.
May, J. M. (Hrsg.): Brill's Companion to Cicero: oratory and rhetoric. Leiden 2002.
Mitchell, T. N.: Cicero. The ascending years. New Haven / London 1979.
– Cicero. The senior statesman. New Haven / London 1991.
Mommsen, Th.: Römische Geschichte. Bd. 3. Berlin [6]1875. [Bes. S. 175–192; 580; 619–621.]
Moussy, C. (Hrsg.): Les problèmes de la synonymie en latin. Paris 1994.
Norden, E.: Aus Ciceros Werkstatt. In: Sitzungsberichte der Kgl. Preußischen Akademie der Wissenschaften, Berlin, phil.-hist. Kl. (1913) S. 6–12. [Ndr. in: B. Kytzler (Hrsg.): Kleine Schriften. Berlin 1966. S. 137–144.]
Offermann, H.: Überarbeitung oder nicht – Überlegungen zur 1. Catilinarie. In: Anregung 41 (1995) S. 227–235.
Parker, H. T.: The cult of antiquity and the French revolutionaries. Chicago 1937.
Petersmann, H.: From concrete to abstract thinking. The development of moral concepts in archaic Latin. In: H. Rosén (Hrsg.): Aspects of Latin. Papers from the 7th International Colloquium in Latin Linguistics. Jerusalem, April 1993. Innsbruck 1996. S. 665–674.
– *Eusébeia, threskeía* and *religio*. An etymological analysis of three disputed terms. In: H. Petersmann: *Lingua et religio*, hrsg. von B. Heßen. Göttingen 2002. S. 48–56.
Philips, E. J.: Catiline's Conspiracy. In: Historia 25 (1976) S. 441–448.
Pöschl, V.: *Invidia* in den Reden Ciceros. In: V. Pöschl: Literatur und geschichtliche Wirklichkeit. Kleine Schriften. Bd. 2. Hrsg. von W.-L. Liebermann. Heidelberg 1983. S. 11–16.

Poulakos, T. (Hrsg.): Rethinking the history of rhetoric. Boulder, Colorado 2001. S. 11–30.
Powell, J. / Paterson, J. (Hrsg.): Cicero. The Advocate. Oxford 2004.
Primmer, A.: Historisches und Oratorisches zur ersten Catilinaria. In: Gymnasium 84 (1977) S. 18–38.
Rieger, H.: Das Nachleben des Tiberius Gracchus in der lateinischen Literatur. Bonn 1991.
Samotta, I.: Das Vorbild der Vergangenheit. Geschichtsbild und Reformvorschläge bei Cicero und Sallust. Stuttgart 2009.
Schuller, W.: Cicero oder Der letzte Kampf um die Republik. Eine Biographie. München 2013.
Seager, R.: *Iusta Catilinae.* In: Historia 22 (1973) S. 240–248. [S. jedoch Stroh 2000, S. 68.]
Speck, H. B. G.: Katilina im Drama der Weltliteratur. Leipzig 1906.
Stroh, W.: Taxis und Taktik. Die advokatische Dispositionskunst in Ciceros Gerichtsreden. Stuttgart 1975.
– Ciceros erste Rede gegen Catilina. In: W. Stroh: Apocrypha. Entlegene Schriften. Stuttgart 2000. S. 64–78.
– Cicero. Redner, Staatsmann, Philosoph. München 2008, [2]2010.
– Die Macht der Rede. Eine kleine Geschichte der Rhetorik im alten Griechenland und Rom. Berlin 2009.
Syme, R.: Sallust. Berkeley / Los Angeles 1964. [Bes. Kapitel 6.]
Tzonnakas, S. C.: The personification of *Patria* in Cicero's *First Catilinarian.* Significance and inconsistencies. In: Philologus 150 (2006) S. 222–231.
Ungern-Sternberg, J. v.: Das Verfahren gegen die Catilinarier oder: Der vermiedene Prozess. In: U. Manthe / J. von Ungern-Sternberg (Hrsg.): Große Prozesse der römischen Antike. München 1997. S. 85–99.
Vretska, K.: Das Datum der 1. Catilinaria. In: Ciceroniana I (1959) S. 185–196.
Wilkinson, L. P.: Golden Latin Artistry. Cambridge 1963.
Yavetz, Z.: The failure of Catiline's conspiracy. In: Historia 12 (1963) S. 485–499.
Wirszubski, C.: *Audaces.* A study in political phraseology. In: Journal of Roman Studies 51 (1961) S. 12–22.

Wiseman, T. P.: New men in the Roman senate 139 B. C. to A. D. 14. Oxford 1995.
– Remembering the Roman People. Essays on Late Republican Politics and Literature. Oxford 2009.
Zielinski, T.: Das Clauselgesetz in Ciceros Reden. Leipzig 1904.
– Cicero im Wandel der Jahrhunderte. [o. O.] 1912. Ndr. Darmstadt 1967.

# Nachwort

## Cicero: Ein Leben für die Republik

Während römische Politiker sonst ihre Karriere auf vornehme Herkunft, Reichtum oder militärische Gewalt gründen (bei den Erfolgreichsten kommen alle drei Faktoren zusammen), ist Marcus Tullius Cicero (106–43 v. Chr.) das seltene Beispiel eines Mannes, der allein vermöge seiner Geistesbildung an die Spitze der Republik gelangt. Als junger Mann verteidigt er mutig und erfolgreich ein Opfer der sullanischen Diktatur (Sextus Roscius Amerinus) gegen einen Günstling Sullas und begründet so sein Ansehen als Redner; im Prozess gegen Verres entlarvt er einen ungerechten Beamten, der eine Provinz ausbeutet. Alle öffentlichen Ämter kann er im vorgeschriebenen Mindestalter antreten, so auch das Konsulat (63 v. Chr.).

Die Catilinarischen Reden lassen uns aus erster Hand eine Sternstunde – seinen größten politischen Erfolg – miterleben. Die Überwindung Catilinas in einer Zeit, die im Schatten vergangener und künftiger Militärdiktaturen steht, bestärkt Cicero in seinem unerschütterlichen Glauben an die Republik und an den Vorrang der Zivilgewalt vor der Sprache der Waffen. Doch zugleich ahnt er, dass seinem Sieg keine Dauer beschieden ist, dass vielmehr sein weiteres Leben ein unentwegter Kampf für die Republik und ihre Werte sein wird.

Schon während seines Konsulats wird Cicero angefeindet. Auf längere Sicht stehen ihm die Verbannung, die Zerstörung seines Hauses und am Ende gar ein gewaltsamer Tod bevor. In den Jahren seiner ersten unfreiwilligen Muße (54–51) wird seine Schrift *De re publica* entstehen, in der er die Verfassung der römischen Republik als die bestmögliche darstellt: ein bewundernswerter Versuch, die politische Ordnung, wie sie in Rom über Generationen organisch gewachsen war, mit philo-

sophischem Denken zu durchdringen und aus modernem Bewusstsein heraus zu erneuern. Ständig auf der Suche nach Verbündeten, um dieses Ideal zu verwirklichen, schließt er sich zunächst Pompeius an, ohne auf große Gegenliebe zu stoßen. Nach dessen Tod versucht er vergeblich, Caesar für die Republik zu gewinnen (eine zweite unfreiwillige Mußezeit nutzt er zur Abfassung bedeutender philosophischer Schriften); zuletzt setzt er seine Hoffnung auf Caesars Erben, den späteren Augustus, der aber der Forderung des Antonius nachgibt, Cicero ermorden zu lassen. Kopf und Hände des größten Redners werden auf Roms Rednertribüne öffentlich ausgestellt. So ist Ciceros Todesjahr (43 v. Chr.) zugleich das Todesjahr der römischen Republik.

## Catilina und die erste Verschwörung

Lucius Sergius Catilina (geb. um 108 v. Chr.) ist der verwöhnte Spross einer alten Patrizierfamilie, deren bescheidene Mittel jedoch seinem ausschweifenden Lebenswandel nicht genügen. Aller Tabus spottend, schreckt er auch vor Inzest und Mord nicht zurück. Sein vornehmer Stammbaum (den er gegen den Neubürger Cicero ausspielt), seine erstaunliche Körper- und Geisteskraft sowie eine eigentümliche Verbindung von Charme und Rücksichtslosigkeit erleichtern ihm die politische Karriere. Von Schulden geplagt, macht sich Catilina unter der restaurativen Schreckensherrschaft Sullas zu dessen Handlanger bei den bestialischen Folterungen und massenhaften Ermordungen Proskribierter. Zu seinen Opfern zählt der von ihm qualvoll verstümmelte und schließlich enthauptete Marcus Marius Gratidianus, ein Verwandter von Marius und Cicero, aber auch (zusammen mit zahlreichen römischen Rittern) Quintus Caecilius, ein Schwager Catilinas. Seinen eigenen Bruder, den er bereits umgebracht hat, lässt er nachträglich

proskribieren, so dass er selbst straflos bleibt und sogar die Ämterlaufbahn antreten kann.

Nach der Quästur beweist er als Legat bei der Belagerung einer feindlichen Stadt Klugheit, Tapferkeit und seine vielgerühmte Fähigkeit, Strapazen zu ertragen. Des Verkehrs mit der Vestalin Fabia, einer Schwester von Ciceros Frau Terentia, beschuldigt (73 v. Chr.), entgeht er der Verurteilung, da sich der einflussreiche Quintus Lutatius Catulus für ihn einsetzt. Im Jahr 68 v. Chr. bekleidet er die Prätur, danach verwaltet er die Provinz Afrika. Wegen seiner dortigen Erpressungen und des zu erwartenden Prozesses wird er als Bewerber um das Konsulat (für 65) nicht zugelassen.

Darauf beschreitet Catilina den Weg der Illegalität: In der Hoffnung auf Schuldenerlass, Konsulat und Verwaltung einer ertragreichen Provinz verbindet er sich unter anderem mit zwei zunächst gewählten, dann aber wegen Stimmenkaufs ausgeschiedenen Konkurrenten, in der Absicht, am 1. Januar 65 die neuen Konsuln und die angesehensten Senatoren zu ermorden. Der Plan wird bekannt und auf den 5. Februar verschoben, an dem ein noch größeres Blutbad stattfinden soll. Auch dieses misslingt, da Catilina das Zeichen zum Angriff gibt, ehe eine genügende Anzahl von bewaffneten Mitverschworenen erschienen ist. Doch immer noch wagt niemand, die Verbrecher anzuklagen. Denn außer Crassus rechnet man vielfach auch Caesar zu den Hintermännern dieses Komplotts, die (wie schon Sulla) es verstehen, Catilina die schmutzige Arbeit zu überlassen.

Der Verurteilung wegen seiner afrikanischen Erpressungen entgeht Catilina mit knapper Not, indem er den Ankläger Publius Clodius Pulcher (Ciceros späteren Feind) und die Richter besticht. Dadurch wird seine Geldnot noch größer – desto energischer treibt er seine revolutionären Bestrebungen voran. Der Kern seiner Anhängerschaft besteht aus verschuldeten

Mitgliedern der Senatsaristokratie, doch nach den Schrecken der sullanischen Zeit findet sich damals in allen Bevölkerungsschichten Italiens reicher Zündstoff für eine Umwälzung der sozialen Verhältnisse, zumal wenn Proskription der Begüterten und allgemeiner Schuldenerlass versprochen wird. Freilich ist der kleine Sulla-Jünger Catilina alles andere als der Menschenfreund, dem man eine echte Reform zutrauen könnte.

### Die Anfänge der zweiten Verschwörung

Im Jahr 64 bewirbt sich Catilina zusammen mit Gaius Antonius Hybrida um das Konsulat für 63. Sie genießen die mächtige Unterstützung von Caesar und Crassus. Unter den fünf weiteren Bewerbern ist Cicero, der als Aufsteiger (*homo novus*) den Senatoren zunächst verdächtig ist. Doch kann dieser (dank der Bekanntschaft seiner Frau Terentia mit Fulvia, der Geliebten eines der Mitverschworenen, Quintus Curius) wenige Tage vor den Konsulwahlen die Wahlumtriebe und Bestechungen Catilinas entlarven (*oratio in toga candida*). Daraufhin wählt man Cicero und Antonius zu Konsuln für das Jahr 63; Catilina unterliegt nur knapp.

Während andere Vollstrecker der sullanischen Mordempfehlungen unter dem Untersuchungsrichter Caesar ihre Strafe erhalten, wird Catilina trotz offenkundiger Schuld freigesprochen. So kann er sich wieder um das Konsulat (für 62) bewerben. Gleichzeitig bereitet er aber den gewaltsamen Umsturz vor, indem er in unterschiedlichen Gegenden Italiens Anhänger aus allen Ständen sammelt und Waffenlager anlegt. Ein Mittelpunkt ist Faesulae (Fiesole) in Etrurien, wo Gaius Manlius, ein ehemaliger Centurio Sullas, eine Truppe um sich schart. Catilinas nächstes Ziel ist es, Cicero aus dem Weg zu räumen.

Dieser lässt sich freilich über alle Schritte der Verschwörer

auf dem Laufenden halten. Seinen mit Catilina sympathisierenden Kollegen Antonius gewinnt er für die Sache der Republik, indem er ihm die reiche Provinz Makedonien abtritt. Für seine eigene Sicherheit sorgt Cicero durch eine private Schutztruppe. Der von ihm durchgesetzten Verschärfung des Gesetzes über Erpressungen (*lex de ambitu* anstelle der *lex Calpurnia* von 67) tritt Catilina mit herausforderndem Trotz und offenen Drohungen entgegen.

Am 21. Oktober berichtet Cicero im Senat über die jüngsten Schritte der Verschwörer und gibt Catilina Gelegenheit, dazu Stellung zu nehmen. Dieser jedoch erklärt, der Staat habe zwei Körper, einen gebrechlichen mit schwachem Kopf und einen starken ohne Kopf. Dem letzteren werde es, solange er lebe, an einem Kopf nicht fehlen. Nach diesen Worten stürmt er mit Siegermiene aus der Versammlung. Daraufhin gibt der Senat mit der Formel *videant consules, ne quid res publica detrimenti capiat* den Konsuln unbeschränkte Vollmacht, Maßnahmen für die Sicherheit des Staates zu treffen.

Am Tag der Konsulwahlen erscheint Cicero auf dem Marsfeld mit einem Harnisch unter der Toga, begleitet von einer starken Schutztruppe; die Verschwörer wagen keinen Angriff. Gewählt werden Decimus Iunius Silanus und Lucius Licinius Murena.

Wenige Tage später verliest Lucius Saenius im Senat ein Schreiben aus Faesulae, Gaius Manlius habe dort mit seiner starken Mannschaft zu den Waffen gegriffen. Man hört ferner von Sklavenunruhen in Capua und Apulien. So sendet man Prokonsuln und Proprätoren nach Faesulae, Apulien, Capua und Picenum, um Truppen auszuheben. Für Anzeigen über die Verschwörung sind Belohnungen ausgesetzt. In der Stadt trifft man Sicherheitsvorkehrungen. Der Patrizier Lucius Aemilius Paullus klagt Catilina nach der *lex Plautia de vi* an. Darauf bietet sich dieser mehreren Senatoren vergeblich zur

›freien Haft‹ in deren Häusern an. Der schließlich doch noch gefundene – als Bewacher denkbar ungeeignete – Marcus Metellus hindert ihn jedoch nicht, in der Nacht vom 6. auf den 7. November eine Versammlung der Verschwörer im Hause des Marcus Porcius Laeca abzuhalten. Hier verteilt Catilina unter seinen Komplizen die Rollen für Mord und Brandstiftung in Italien und Rom und erklärt, nur eines halte ihn noch in der Hauptstadt: dass Cicero am Leben sei. Zwei Männer – der Senator Lucius Vargunteius und der Ritter Gaius Cornelius – finden sich bereit, den Konsul am frühen Morgen zu ermorden. Dieser hört davon noch in der Nacht und verstärkt die Sicherheitsvorkehrungen an seinem Haus und in der Stadt.

### Die erste Rede

Für den 8. November[1] beruft Cicero den Senat in den Tempel des Iuppiter Stator, den er von bewaffneten römischen Rittern schützen lässt. Zunächst[2] berichtet er dem Senat (noch in Abwesenheit Catilinas) über die Versammlung der Verschwörer und das versuchte Attentat auf ihn. Als Catilina sich erfrecht, wider Erwarten in der Sitzung zu erscheinen, improvisiert Cicero die berühmte **erste Catilinarische Rede**.

Er hält Catilina vor, er habe von all seinen Schritten genaueste Kenntnis und rät ihm, der gerechten Strafe durch freiwillige Entfernung zuvorzukommen. Der Zweck des (entgegen allen Schulregeln der Rhetorik) laut polternden Exordiums ist es, Catilina einzuschüchtern (vgl. Cicero, *Orator* 129) und den noch zweifelnden Teil des Senats von dessen Schuld zu überzeugen. In Paragraph 8 der Rede (*quid taces?*) ist die Überrum-

1 Nach anderen: 7. November. Vgl. S. 164: »Datierung der ersten Rede«.
2 Vgl. Cicero, *In Catilinam* 2,6,12: »[Ich] legte die ganze Angelegenheit den Senatoren vor. Als Catilina dort erschien …« Stroh 2000, S. 69 f.

pelung gelungen. Durch sein betretenes Schweigen kann nun Catilina in Ciceros Augen als überführt gelten. In Paragraph 13 wiederholt Cicero die Aufforderung, Rom zu verlassen. Catilina, der sich inzwischen wieder etwas gefasst hat, wirft ein, ob damit ein Exil gemeint sei. (In der römischen Republik wäre für die Verbannung eines Bürgers als Willkürakt des Konsuls keine Senatsmehrheit denkbar). Cicero kontert geschickt, es handle sich nur um einen Rat.

Die Paragraphen 13–20 rufen Catilinas Vorleben in Erinnerung, um im Senat eventuellen Regungen der Sympathie für Catilina zuvorzukommen. Dabei bedeutet die eingeschaltete Rede der *Patria*[3] keine pathetische Überhöhung, sondern ein Eingehen auf die Überlegungen eines durchschnittlichen Senators, der sich noch nicht über Catilinas Schuld im Klaren ist: »Darum geh fort und nimm mir diese Furcht! Falls sie wahr ist, damit ich nicht zerstört werde; wenn sie falsch ist, dass ich doch endlich einmal aufhören kann zu fürchten.« (1,7,18) Paragraph 20 setzt eine Zwischenrede Catilinas voraus: die Bitte um Abstimmung im Senat über sein Exil. Cicero entgegnet, ihm genüge das Schweigen der Senatoren. So bezieht die Rede durchgehend die Reaktionen des Gegners und des Senats mit ein und arbeitet statt mit juristischen Mitteln mit moralischem Druck. Cicero drängt mit Recht und mit Erfolg auf eine klare Trennung der Fronten, die Catilina für alle sichtbar als äußeren Feind kenntlich macht. Indirekt lässt die Rede – anhand des Kontrastes zu Catilina – Ciceros staatsmännisches Ethos hervorleuchten und dient so der Festigung seiner *auctoritas*. In der folgenden Nacht bricht Catilina in der Tat – allerdings mit relativ wenigen Begleitern – nach Faesulae auf, wobei er die am Meer entlang führende Via Aurelia wählt, um den Anschein zu erwecken, er gehe nach Massilia (Marseille) in die Verbannung.

3 Stroh 2000, S. 74.

Tags darauf hält Cicero auf dem Forum vor dem Volk **die zweite Catilinarische Rede**, die gewissermaßen die Funktion einer öffentlichen Bekanntmachung erfüllt und die Sorgen in der Bevölkerung beschwichtigen soll. Auch hier muss er sich (wie vor dem Senat) gewissermaßen mit ›Falken‹ und ›Tauben‹ auseinandersetzen, also einerseits erklären, warum er Catilina nicht sofort bestraft hatte (3 f.), und sich andererseits dagegen verwahren, er habe Catilina »ausgestoßen« – er betont, er habe ihn nur »fortgeschickt« oder »ziehen lassen« (12–15). Kurz erwähnt er den bedauerlichen Umstand, dass Catilina nur wenige Genossen mitgenommen hat (4–6). Nach einer Invektive gegen den Rebellen und sein Gefolge (7–10) unterscheidet der Redner innerhalb von Catilinas Anhängerschaft sechs Gruppen (17–23), die man jedoch nicht zu fürchten brauche (24–26). Wenn man in dieser brillanten Satire (wie oft bei antiken Autoren) einen tieferen Blick für die historischen und sozialen Ursachen der Revolution vermisst, sollte man nicht vergessen, dass für Cicero als Redner dies wahrlich der unpassendste Augenblick gewesen wäre, hierauf näher einzugehen. Dennoch bleibt Ciceros skizzenhafte Analyse, die auch untere Gesellschaftsschichten berücksichtigt, aufschlussreich genug.

Auf die Nachricht, Catilina sei mit den Amtsinsignien eines Konsuls und dem Gehabe eines Imperators im Lager des Manlius eingetroffen, ächtet der Senat Catilina und Manlius als Staatsfeinde; ihren Anhängern (mit Ausnahme der wegen todeswürdiger Verbrechen verurteilten) verspricht man Amnestie, falls sie fristgerecht die Waffen niederlegen. Die Konsuln sollen Truppen ausheben, Antonius den Oberbefehl übernehmen, Cicero in der Stadt für Sicherheit sorgen. Dieser wartet immer noch auf eine Gelegenheit, dem Senat sichere Beweise

über die Verschwörung vorlegen zu können. Da kommt ihm die Unbesonnenheit der Verschworenen entgegen.

## Die dritte Rede

In Rom halten sich damals Abgesandte aus Gallien vom Stamm der Allobroger auf, um den Senat um Hilfe gegen die römische Beamtenwillkür und die Habgier der Wucherer zu bitten. Das Haupt der Verschwörer in Rom, Publius Cornelius Lentulus Sura, bietet ihnen seinen Beistand an, falls sie Catilinas Aufstand durch eine starke Reitertruppe unterstützen. Sie verlangen Bedenkzeit und ziehen ihren Patron Quintus Fabius Sanga ins Vertrauen, der sich seinerseits an Cicero wendet. Dieser gibt den Allobrogern Weisung, zum Schein das Angebot des Lentulus anzunehmen und von den Häuptern der Verschwörung schriftliche Bestätigungen zu erbitten. Lentulus, Cethegus, Statilius und Gabinius gehen darauf ein, nur Cassius weigert sich und verlässt Rom noch vor den Galliern. Da die Gallier unterwegs Catilina treffen wollen, gibt ihnen Lentulus noch einen Boten mit einem eigenen Schreiben und mündlichen Aufträgen an Catilina mit. In der Nacht vom 2. auf den 3. Dezember brechen die Gallier auf. In Ciceros Auftrag nehmen die Prätoren Flaccus und Pomptinus die Reisenden an der Milvischen Brücke fest; noch in der Nacht bestellt Cicero die Häupter der Verschwörung zu sich in die Wohnung. Sie finden sich ein, ohne Verdacht zu schöpfen, werden festgenommen, in einer eilends einberufenen Senatssitzung verhört und durch ihre eigenen Briefe überführt.

Die noch am selben Abend vor dem Volk gehaltene **dritte Catilinarische Rede** berichtet über diese Ereignisse sowie den anschließenden Beschluss des Senats, die Schuldigen in Haft zu nehmen und Cicero ein Dankfest (*supplicatio*) zuzuerkennen. Dass Cicero hier die Rolle der unsterblichen Götter –

vor allem des Staatsgottes Iuppiter – besonders hervorhebt, deutet übrigens keineswegs auf eine spätere Überarbeitung[4] hin, es entspricht vielmehr dem Gattungsstil auch seiner sonstigen Volksreden (vor den gebildeten, vielfach ungläubigen Senatoren verzichtet der Redner meist auf religiöse Töne). Dass er sich im Überschwang seines Sieges über die Verschwörer als zweiter Stadtgründer Roms fühlt und sich ewiges Andenken erhofft, hat ihm bei seinen Zeitgenossen geschadet, aber auf längere Sicht ist er tatsächlich – zumindest bis heute – nicht in Vergessenheit geraten. Eines freilich sollte man nicht verschweigen, ja es ihm gerade angesichts seiner sonstigen Eitelkeit hoch anrechnen: Er schreibt seinen Erfolg ausdrücklich nicht sich selbst, sondern dem Staatsgott Iuppiter[5] zu. Das ist Ausdruck seines tiefen Glaubens nicht an mythische Götter, sondern an die Republik und an den Vorrang der Zivilgewalt vor der militärischen. Wenn er gelobt, durch sein weiteres Verhalten zu beweisen, dass er nicht nur Glück gehabt habe, sondern weiterhin für die Republik einstehen wolle, so ist dies ein ebenso bescheidenes wie achtenswertes Wort, dem er bis zum Tod treu bleiben wird. Wenn er schließlich für die Zukunft den Schutz der Mitbürger für sich und seine Familie erbittet, so ist auch dies ganz gewiss kein späterer Zusatz. Seit dem Anfang der Verschwörung schwebt er in ständiger Lebensgefahr, hat also auch die bevorstehenden Anfeindungen sehenden Auges auf sich genommen.

Tags darauf wird bekannt, dass die Anhänger des Lentulus und des Cethegus versuchen, die unteren Volksschichten auf-

4 Mit Überarbeitungen rechnet hier und im Folgenden Fuhrmann 1970, S. 226, ähnlich Gelzer 1969, S. 94 und viele andere.

5 »Wollte ich behaupten, *ich* hätte ihnen widerstanden, so würde ich mir zu viel herausnehmen und mein Verhalten wäre unerträglich. Er, er – Iuppiter – hat ihnen widerstanden …« (3,9,22) Vgl. auch die Berufung auf die Fortuna des römischen Volkes (1,6,15).

zuwiegeln und die Gefangenen gewaltsam zu befreien. Cicero lässt Kapitol und Forum mit starken Wachen besetzen.

### Die vierte Rede

Am 5. Dezember lässt der Konsul das Volk für den Fall, dass man Soldaten benötigen sollte, den militärischen Eid leisten. Anschließend tritt der Senat im Tempel der Concordia zusammen. Cicero berichtet über die Situation und stellt dann die Frage an den Senat, was mit den Gefangenen zu geschehen habe. Der designierte Konsul Decimus Iunius Silanus spricht sich für die »äußerste Strafe« aus, was im Sinne der Todesstrafe verstanden wird. Seinem Antrag schließen sich die Konsularen an. Caesar, der als designierter Prätor hierauf befragt wird, gibt der Verhandlung eine erste Wende. Er plädiert für ewige Gefangenschaft der Schuldigen, die auf unterschiedliche Munizipien zu verteilen seien. Zugleich verweist er auf die Ungesetzlichkeit einer Todesstrafe an Bürgern[6] und deutet unüberhörbar an, die Popularen würden den Senatoren ein solches Vorgehen nicht verzeihen. Die nächsten Redner folgen dem Antrag Caesars, unter ihnen Quintus Cicero, der Bruder des Konsuls. Selbst Silanus revidiert seine ursprüngliche Position durch Neuinterpretation. Sogar ein Vorschlag, die Entscheidung zu vertagen, wird laut.

Da greift Cicero ein und hält die **vierte Catilinarische Rede**. Als Konsul muss er sich um Unparteilichkeit bemühen – doch hört man heraus, dass er eine strenge Bestrafung vorzie-

6 Demgegenüber gibt Cicero in den Catilinarischen Reden wiederholt zu verstehen, dass erklärte Feinde des römischen Volkes nicht mehr als römische Bürger gelten können, also vogelfrei sind, und verweist auf mehrere Präzedenzfälle in der Geschichte der römischen Republik. Der Gedanke ist schon in der ersten Rede gegen Catilina vorausgesetzt.

hen würde. Caesars Vorschlag sei zwar für Cicero günstig, da er ihm weniger Hass und Anfeindung einbringe, doch sollten die Senatoren nicht auf die Person des Konsuls Rücksicht nehmen, sondern vor Sonnenuntergang eine klare und entschlossene Entscheidung fällen. Den eigentlichen Meinungsumschwung im Senat bringt freilich erst die feurige Rede von Marcus Porcius Cato, der designierter Volkstribun ist.

Der Senat verhängt über die Catilinarier die Todesstrafe, die ohne Berufung an das Volk noch vor Eintritt der Nacht im Tullianum vollzogen wird. Catilina und seine Truppen werden Anfang 62 in der Schlacht bei Pistoria (heute Pistoia) vernichtend geschlagen. Sie kämpfen mit einem Mut der Verzweiflung, der einer besseren Sache wert gewesen wäre.[7]

## Datierung der ersten Rede

Die Datierung der ersten Rede gegen Catilina ist umstritten. Matthias Gelzer und andere setzen sie am 7. November 63 an. Mit Theodor Mommsen und der Mehrzahl der Gelehrten, darunter Wilfried Stroh, halte ich den 8. November für wahrscheinlicher.

Ciceros Angaben gestatten eine genaue Fixierung der Zusammenkunft der Catilinarier bei Laeca: die Nacht vom 6. auf den 7. November (*nocte ea, quae consecuta est posterum diem Nonarum Novembrium:* Cicero, *Pro Sulla* 52). Sofort nach Ende der Versammlung erfährt Cicero alles (Cicero, *In Catilinam* 1,10,2). In den frühen Morgenstunden (*illa ipsa nocte:* Cicero, *In Catilinam* 1,9,12) des 7. November ist der missglückte Anschlag auf Cicero anzusetzen.

Es liegt nahe, anzunehmen, Cicero habe daraufhin den Senat sogleich am 7. November einberufen und die erste Rede ge-

7 Sallust, *De coniuratione Catilinae* 57 ff.; Florus 2,12,12.

gen Catilina gehalten. Dagegen (und für eine Datierung der ersten Rede auf den 8. November) spricht, dass Cicero zwischen *proxima nocte* (»letzte Nacht«) und *superiore nocte* (»vorletzte Nacht«) unterscheidet (1,1,7). In der »vorletzten« Nacht hätte (nach 1,1,8) das Treffen bei Laeca stattgefunden; doch leider sagt Cicero nicht, was Catilina in der unmittelbar zurückliegenden Nacht getan haben soll. Hat dieser damals einige Leute mit seinem Legionsadler nach Forum Aurelium geschickt (1,9,24)? Dass Cicero den 7. November benötigte, um die umfangreichen zusätzlichen Sicherheitsmaßregeln zu treffen, die in der Nacht vor der Senatssitzung und am Morgen selbst sehr auffällig waren (1,1,1 *nocturnum praesidium Palati; urbis vigiliae*), leuchtet ein.[8]

## Inhalt und Aufbau

Beim Aufbau seiner Reden geht Cicero sehr oft nicht nach dem Schema der Schulrhetorik vor, sondern richtet sich jeweils nach der Sachlage und dem Überredungszweck (Stroh 1975). Zwar kann man versuchen, seine Reden nach Prooemium, Narratio, Argumentatio, (Digressio,) Peroratio zu gliedern (vgl. die Kommentare, z. B. Dyck). Doch ist diese Einteilung nicht sehr aussagekräftig, da Narratio und Argumentatio in der Praxis kaum voneinander zu trennen sind und zusammen den Hauptteil der Rede bilden und Digressio ein geeigneter Terminus ist, um jeden Einschub zu bezeichnen. Dass eine Rede in

8 In der zweiten Rede kommt zweimal der Ausdruck *hesterno die* vor (2,3,6 und 2,6,12). Dafür stellt man verschiedene Erklärungen zur Wahl: 1. Cicero drücke sich ungenau aus und wolle nur allgemein eine der letzten Nächte bezeichnen. 2. Bei der späteren Niederschrift der Rede beachte er nicht, dass die gesprochene Rede einen Tag später stattfand. Immer noch erhellend: Halm 1863, S. 12, Anm. 55; vgl. auch Dyck 2008, S. 243 f.

der Regel eine Einleitung (Prooemium) und ein Schlusswort (Peroratio) hat, versteht sich ohnehin von selbst. Treffend urteilt Karl Büchner über die *Catilinarien*: »Man spürt, dass die Ordnung und das Gefüge tausendmal geübt sind, dass sie aber nur durchschimmern durch einen Bau, der genau den Notwendigkeiten der Lage entspricht.«[9]

Auch bei der Gestaltung der einzelnen Teile der Rede wechselt die Ausführlichkeit und die affektive Färbung je nach dem Zusammenhang:

*Exordium:* Die Ausnahmestellung des hochpathetischen Eingangs der ersten Rede, der im *genus grande* steht, haben wir besprochen (S. 158 f.). Dagegen ist das zweite Exordium zwar ebenfalls affektiv getönt, aber heiterer und gelöster. Die geradezu spielerische stilistische Ausgestaltung entspricht dem anmutigen *genus medium*. Das dritte Exordium kündigt in kunstvoller Periodisierung die Rettung der Stadt an und zieht den kühnen Vergleich mit der Stadtgründung. Der epideiktische Charakter der ganzen Rede kündigt sich formal und inhaltlich schon hier an. Im vierten Exordium (4,1,1–4,3,6) dominiert das Ethos des Redners, der bittet, auf ihn als Person keine Rücksicht zu nehmen, verbunden mit dem Hinweis auf die ernste Bedrohung des Staates (die pathetischen Töne, die man in einer Einleitung weniger erwartet, sind hier durch die politische Lage bedingt).

*Peroratio:* Am Schluss der Rede sind, um das Überredungsziel zu erreichen, Pathos und religiöse Töne nicht ausgeschlossen, vor allem aber wird empfohlen, sich hier kurz zu fassen, damit die Aufmerksamkeit der Zuhörer nicht erlahmt. Cicero, der berühmt ist für seine Redeschlüsse, hält sich an das Gebot der *brevitas* z. B. in der ersten Rede, um seiner Aufforderung an Catilina nicht den Schwung zu nehmen (33). Anstelle eines

9 K. Büchner bei Klose 1972, S. 139.

Gebets tritt ein Fluch. Auch das Finale der zweiten Rede ist kurz (28–29): Hier will Cicero seinen Mitbürgern das Gefühl der Sicherheit und göttlichen Schutzes vermitteln. Dagegen ist in der dritten Rede die *peroratio* sehr ausführlich (23–29), legt er doch hier der Bürgerschaft nicht nur die Größe seiner Leistung, sondern auch seine Verwundbarkeit und Schutzbedürftigkeit ans Herz. Die *peroratio* der vierten Rede ist wieder kürzer: Cicero beschränkt sich darauf, um eine klare und rasche Entscheidung zu bitten. Trotzdem bringt hier u. a. die Erwähnung von Ciceros Sohn ein rührendes Element ins Spiel.

## Gattungen

Die erste Rede erteilt Catilina einen Rat, insofern gehört sie zu den beratenden (»symbuleutischen«) politischen Reden. Wegen ihres aggressiven Tons könnte man sie zugleich als Invektive oder Anklagerede bezeichnen (insofern enthält sie Elemente der »Gerichtsrede«). Auch die vierte Rede zählt zu den »beratenden« politischen Reden. Diese beiden Reden sind vor dem Senat gehalten.

Dagegen richten sich die zweite und die dritte Rede an das Volk. Anders als in sonstigen Volksreden Ciceros geht es hier weniger um Überredung als um Darstellung. Daher enthalten diese Reden Elemente der epideiktischen Beredsamkeit. Auffällig ist, dass Cicero sich in den Volksreden, der Zuhörerschaft entsprechend, häufiger auf die »unsterblichen Götter« und auf Vorzeichen und Wunder beruft. Vor den gebildeten und skeptischen Senatoren argumentiert er rationaler oder spricht allegorisch von der *Fortuna populi Romani* (1,6,15). Das schließt freilich nicht aus, dass er am Ende der ersten vor dem Senat gehaltenen Rede feierlich den Staatsgott Iuppiter anruft. In den Senatsreden ist Ciceros Ironie meist mit Invektive verbunden, also sehr angespannt, in den Volksreden wirkt sie gelöster und

witziger.[10] Vor dem Volk hat Cicero eine stärkere Position als im Senat, er tritt also mit mehr Selbstsicherheit auf. Dass unter den vornehmen und gebildeten Senatoren (einem *sapiens consilium*) überhaupt ein bescheideneres Auftreten und eine sachlichere Redeweise angezeigt ist, weiß er selbst aus Erfahrung (*Orator* 2, 333): *Atque haec* [nämlich: das Raten und Abraten] *in senatu minore apparatu agenda sunt; sapiens enim est consilium multisque aliis dicendi relinquendus locus. Vitanda etiam ingenii ostentationis suspicio. Contio capit omnem vim orationis et gravitatem et varietatem desiderat.* – »Im Senat muss man dies mit weniger Pomp ausführen, denn es handelt sich um eine weise Ratsversammlung, und man muss vielen anderen die Möglichkeit lassen, eine Rede zu halten. Vermeiden muss man auch den Verdacht, man wolle seine Begabung zur Schau stellen. Eine Rede vor dem Volk aber umfasst alle Machtmittel der Rede und verlangt nach ernster Gewichtigkeit wie auch nach bunter Abwechslung.«

## Amplificatio

Ciceros Fähigkeit, dem Einzelfall allgemeine Bedeutung abzugewinnen, macht seine Reden zeitlos interessant und lesenswert. Dass er die Bedeutung der Catilinarischen Verschwörung ins Unermessliche steigert, ist die Schattenseite dieses allgemeinen Vorzugs seiner Reden. Sein Versuch, seiner Überwindung der Catilinarischen Verschwörung exemplarische Bedeutung abzugewinnen, verdient jedoch ins allgemeine Bewusstsein gehoben zu werden.

10 Man vergleiche 1,2,5; 1,4,10; 1,5,10; 1,8,19; 1,8,21; 1,9,24 mit 2,3,5; 2,6,12; 2,6,14; 2,10,23; 2,11,24. Dazu Mack 1937, S. 67 mit Anm. 130.

## Personencharakteristik – Humor, Ironie, Satire, Eigenlob

An Cicero ist ein Satiriker verloren gegangen. Wie er einzelne Nebenfiguren mit wenigen Strichen charakterisiert, ist vergnüglich zu lesen: Der schläfrige Lentulus, der die Langsamkeit[11] schon im Namen zu tragen scheint, soll zur Abfassung eines kurzen Briefleins eine ganze Nacht gebraucht haben. Ein anderer, der »überaus aufmerksame Bewacher« Catilinas, bemerkt offenbar nicht einmal, dass dieser auswärts an einer nächtlichen Sitzung teilgenommen hat. Wenn Cicero sich vollends die verweichlichten Jünglinge aus Catilinas Gefolge im eisigen Feldlager vorstellt, überlegt er, ob ihnen dort ihre Kunstfertigkeit im Nackttanzen vielleicht doch etwas nützen könnte.

Leider macht seine Ironie vor der eigenen Person Halt. Sein Eigenlob hat ihm geschadet; forderte es doch so sehr zum Widerspruch heraus, dass man ins andere Extrem verfiel und seine Leistung als Politiker allzu oft verkannte. Indessen wird man Quintilian (*Institutio Oratoria* 11,1,17–24) vielleicht zugestehen, dass in der naiven Gradlinigkeit von Ciceros Selbstlob eine entwaffnende Unschuld liegt, die man einer falschen Bescheidenheit vorziehen mag. Hinzu kommt für Cicero der unerbittliche äußere Zwang, unter ständigen Anfeindungen seine Autorität als Bewahrer der Republik zu begründen und stets aufs Neue zu verteidigen – und das gegen Individuen, die nicht wie Cicero ihren Stolz auf ihren Einsatz für die Republik gründeten, sondern für sich allein nach Macht strebten. Trotzdem nimmt man mit Erleichterung zur Kenntnis, dass Cicero in den Catilinarischen Reden seinen Erfolg mehrfach dem Senat, der Fortuna des römischen Volkes, vor allem aber dem

11 Der Gleichklang mit *lentus*, »langsam« ist verführerisch. Die Etymologie geht jedoch auf *lens, lentis*, »Linse« zurück.

Staatsgott Iuppiter zuschreibt. All dies steht im Einklang mit seinem unbedingten Eintreten für die Republik, der sein innerster Glaube gilt. Angesichts von Ciceros späterem Unglück urteilt Seneca (*De brevitate vitae* 5) treffend: *quotiens illum ipsum consulatum suum, non sine causa sed sine fine laudatum, detestatur.* (Wie oft muss Cicero später »sein Konsulat, das er selbst nicht ohne Grund, aber ohne Ende gelobt hat, verfluchen«.) Er hat sein Konsulat nach uralter römischer Tradition als den Höhepunkt seines Lebens gefeiert,[12] aber es zugleich als Wendepunkt seines Schicksals angenommen.

## Sprache und Stil

*Satzlänge:* Mit Ciceros Stil verbindet man traditionellerweise die Vorstellung langer Satzperioden. Bei näherem Zusehen bemerkt man jedoch, dass die Satzlänge bei ihm je nach dem Gegenstand, der Stilhöhe und dem Überredungszweck ständig wechselt. Cicero sagt selbst, er verwende nicht immer denselben Stil. Denn welche Ähnlichkeit gebe es zwischen einem Brief, einer Gerichtsrede oder einer Volksrede? (*nec semper eodem modo. Quid enim simile habet epistula aut iudicio aut contioni? Ad familiares* 9,21,1.) Entsprechende Abstufungen finden sich aber auch innerhalb jeder Gattung, ja auch jeder einzelnen Rede. Bestimmend ist allein das Prinzip des Angemessenen (*aptum*).

Der leidenschaftliche Ton am Anfang der ersten *Catilinaria* begünstigt z. B. die Verwendung kurzer Sätzchen (1,1,2): *o tempora, o mores! Senatus haec intellegit, consul videt: hic tamen vivit. Vivit? Immo vero etiam in senatum venit …* – »Was für

12 Im römischen Leichenzug zogen (verkörpert durch lebende Personen) die Vorfahren in der Tracht des höchsten von ihnen bekleideten Amtes mit.

Zeiten, was für Sitten! Der Senat durchschaut all dies; der Konsul sieht es: Und dennoch lebt dieser Mann. Was sage ich: ›er lebt‹? Er kommt sogar in die Senatsversammlung ...«

Dagegen sind in der dritten *Catilinaria*, die auf weite Strecken epideiktischen Charakter[13] hat, die Sätze im Durchschnitt besonders lang. Doch auch und gerade hier erfreut den Leser die Abwechslung zwischen langen Perioden und kurzen, lakonischen Sätzchen, die innerhalb der bewegten Erzählung mehrfach den Anfang neuer Absätze markieren:

*Fit in eos impetus. Educuntur et ab illis gladii et a nostris. Res praetoribus erat nota solis, ignorabatur a ceteris* (3,2,6). – »Da erfolgt der Angriff; sie ziehen die Schwerter, unsere Leute ebenfalls. Das Ganze war allein den Prätoren, sonst niemandem bekannt.«

*Introduxi Volturcium sine Gallis; fidem publicam iussu senatus dedi ...* (3,4,8). – »Vorführen ließ ich den Volturcius ohne die Gallier, sicherte ihm im Namen des Senats Straflosigkeit zu ...«

*Ac, ne longum sit, Quirites, tabellas proferri iussimus quae a quoque dicebantur datae* (3,5,10). – »Um es kurz zu machen, Quiriten: Ich ließ die Briefe vorlegen, die von den einzelnen Verschwörern stammen sollten.«

*Leguntur eadem ratione ad senatum Allobrogum populumque litterae* (3,5,11). – »Man liest den Brief, der in gleichem Sinne an Senat und Volk der Allobroger gerichtet ist.«

*Indiciis expositis atque editis, Quirites, senatum consului de summa re publica quid fieri placeret* (3,6,13). – »Nachdem die Aussagen gemacht und zu Protokoll gegeben waren, befragte ich den Senat, was zum höchsten Wohl von Staat und Verfassung zu geschehen habe.«

In einer Rede, die im Ganzen festlich gestimmt und ent-

13 Den Charakter einer Fest- oder Lobrede.

sprechend reich an vollmundigen Perioden ist, trägt die nüchterne Sachlichkeit solcher gliedernder Sätzchen nicht nur zur Abwechslung bei, sondern auch zur Anmut und Glaubwürdigkeit des Ganzen. Cicero nimmt Rücksicht auf seine Hörer, er weiß, dass Gleichförmigkeit ermüdet.

*Periodenbau, Hyperbaton,*[14] *Wortarchitektur:* Im Übrigen ist der Bau langer Satzperioden keine Künstelei, sondern hat natürliche Grundlagen in der Eigenart des Lateinischen. Erlaubt doch hier der Formenreichtum eine relativ freiere Wortstellung als in den meisten neueren Sprachen. So wird Wortarchitektur möglich, die sich die Spannungsbögen zwischen Vokabeln gleicher Endung zunutze macht. Ein sprechendes Beispiel für Sperrstellung (Hyperbaton) findet sich sogleich in der ersten Rede (1,5,11): *magna dis immortalibus habenda est … gratia.* – »Großer Dank gebührt den unsterblichen Göttern«. In der Sperrung *magna … gratia* ist der ganze Gedanke sichtbar zur Einheit verbunden. Darin spiegelt sich die ursprüngliche Einheit der Gesamtvorstellung.

In größerem Maßstab wird die Periodenbildung im Lateinischen dadurch gefördert, dass das Verb auch im Hauptsatz in der Regel am Ende steht, also gewissermaßen den Schlussstein bildet, der das gesamte Gewölbe zusammenhält. (Da im Deutschen das Verb nur in Nebensätzen am Ende steht, nicht aber im Hauptsatz, bricht im Deutschen die Spannung früher ab, und es macht uns mehr Mühe, umfangreiche lateinische Sätze genau nachzubilden). Ciceros lange Perioden entwickeln Möglichkeiten, die im Sprachmaterial latent angelegt sind.

*Doppelte und mehrfache Ausdrucksweise:* Jedem Leser fällt Ciceros Vorliebe für doppelte oder gar mehrfache Ausdrücke auf. Die den Sachverhalt erschöpfenden Doppelungen, die wir aus dem Altlatein kennen, entspringen ursprünglich wohl

14 Zielinski 1967, S. 292–294.

dem Bestreben, Missverständnisse oder (bei juristischen Texten) Fehldeutungen auszuschließen. Cicero hat zutiefst verinnerlicht, dass Deutlichkeit die Haupttugend der Rede ist. Als Redner, der möglichst viele überzeugen will, darf er sich keine Blöße geben, insbesondere steht er in den Catilinarischen Reden zwischen den Fronten der Befürworter und der Gegner einer strengen Bestrafung. So kommt es ihm darauf an, klarzustellen, dass er Catilina nicht (unter Überschreitung seiner Kompetenzen) aus der Stadt »hinauswarf«, »ausstieß«, sondern nur »fortschickte« oder »ziehen ließ«, dass er ihm nicht »befahl«, sondern nur »riet«, ins Exil zu gehen. Nachdem dieser tatsächlich gegangen ist, wird Cicero mutiger und erlaubt sich, mit den Synonymen zu spielen. *Abiit, excessit, evasit, erupit* (2,1,1). – »Gegangen ist er, entwichen, entronnen, ausgebrochen«. Ähnlich kennzeichnen ganze vier pejorative Adjektive die Anhängerschaft Catilinas: *turpem et infirmam et contemptam et abiectam* (4,10,20) – »schimpflich, schwach, verachtenswert und erbärmlich«. Der Eindringlichkeit dient die Technik der »Zerlegung«: so entfaltet der Anfang der zweiten *Catilinaria*[15] die Vorstellungen »Catilina« und »vertrieben«. Bei der Kennzeichnung Catilinas werden die einzelnen Elemente nach dem Prinzip der wachsenden Glieder angeordnet: *furentem audacia, scelus anhelantem, pestem patriae nefarie molientem* (2,1,1). – »… der in seiner Verwegenheit rast, vor Verruchtheit schnaubt, frevelhaft gegen das Vaterland Pest und Verderben ins Werk setzt …« Dagegen folgt in der Reihe der Verben jeweils auf den stärkeren Ausdruck der schwächere, so dass das Ganze am Ende verebbt: *vel eiecimus vel emisimus vel ipsum egredientem verbis prosecuti sumus* (2,1,1) – »wir haben ihn hinausgeworfen oder fortgeschickt oder ihm bei seinem freiwilligen Aufbruch mit Worten das Geleit gegeben.« Die Erweite-

15 Ebd. S. 293 f.

rungen dienen der größtmöglichen Verdeutlichung, aber auch der affektiven Verstärkung. Beides ist nicht bloßes Ornament, nicht Selbstzweck, sondern vermittelt den Inhalt so eindringlich wie möglich. Treffend ist Quintilians (*Institutio Oratoria* 10,106) Urteil, bei Demosthenes könne man nichts streichen, bei Cicero nichts hinzufügen (*illi nihil detrahi potest, huic nihil adiici*). Ciceros Talent äußert sich in der Fülle[16] seines Stils (Caesar nennt ihn *paene princeps copiae atque inventor* – »geradezu den Hauptvertreter und Entdecker der Fülle«; zitiert bei Cicero, *Brutus* 253).

*Archaisches und Umgangssprachliches:* Als Redner muss Cicero darauf bedacht sein, seine Hörer nicht durch ungewöhnliche Ausdrücke vom Inhalt abzulenken, den es zu vermitteln gilt. Also darf er bei der Wahl seines Vokabulars stilistisch weder zu hoch noch zu tief greifen. Will er andere überzeugen, so muss er sprechen wie alle, genauer: nicht anders, nur besser als alle. Altertümliches darf höchstens in religiösem oder feierlichem Zusammenhang vorkommen. In den *Catilinarien* begegnet als einziger Archaismus die Form *duint* (»sie mögen geben«, 1,9,22). Das Wort steht, wie zu erwarten, in einer Gebetsformel.

Umgangssprachliches findet sich allenfalls sozusagen in Spurenelementen. Ein Beispiel ist die Auslassung des Vokals bei der Fragepartikel *-ne*. *Sensistin* (1,3,8) – »hast du nicht bemerkt?« Das passt zum Ton des persönlichen Dialogs, den Cicero hier anzuschlagen versucht. Zu den bei Cicero seltenen Fremdwörtern der Alltagssprache zählt *raeda* (»Personenfahrzeug«), das

16 Treffend K. W. Piderit, *Ciceros Brutus* (Text und Kommentar), Leipzig $^3$1889: »Gemeint ist damit alles, was eben das charakteristische Merkmal der Ciceronianischen oratorischen Prosa ausmacht: der Reichtum und die Fülle des Ausdrucks, der Schmuck und Glanz, mit einem Wort die volle Schönheit der höheren oratorischen Darstellung.«

jetzt auf Papyrus sicher bezeugt ist (2,9,20). Trotz des aggressiven Tons besonders der ersten Catilinarischen Rede und trotz der farbigen Schilderung von Catilinas persönlichem Gefolge in der zweiten sind grobe Schimpfwörter selten. Man könnte allenfalls *sentina* (»Kielwasser«, »Abschaum«) nennen. Cicero bevorzugt stattdessen Superlative geläufiger tadelnder Adjektive oder ironische Verwendung lobender Attribute.

*Parenthesen:* Die Parenthese ist der lebendigen Rede abgelauscht und trägt, indem sie den Eindruck der Nachlässigkeit und Natürlichkeit erweckt, zur Überzeugungskraft des Sprechers bei. Ein Meister wie Cicero verwendet dieses Stilmittel nicht etwa, um nur beiläufige Dinge einzufügen. So erläutert in der dritten Rede (3,2,4) eine Parenthese, warum er jetzt nicht mehr (wie bisher) den Vorwurf scheut, er habe Catilina »hinausgeworfen«. Kraft ihrer Auffälligkeit – durchbricht sie doch den Satzzusammenhang – kann die Einschaltung sogar zum Träger des Hauptgedankens werden: Für eine strenge Bestrafung tritt Cicero nicht etwa aus Grausamkeit ein – »denn wer ist milder als ich?« –, sondern aus Mitleid mit den Mitbürgern, den künftigen unschuldigen Opfern des Komplotts (4,6,11). Zugleich kann eine Parenthese als Kunstpause die Aufmerksamkeit auf das Vorhergehende bzw. Nachfolgende lenken. So lässt der Einschub *mihi crede* die Aufforderung an Catilina, umzudenken und seine Pläne aufzugeben, gleichsam in Sperrdruck erscheinen (1,3,6).

*Prosarhythmus:* Nur kurz erwähnt sei der Prosarhythmus, der bei lautem Vortrag des Textes (und dazu sind Reden ja bestimmt!) die Wirkung von Ciceros Worten auf den Zuhörer verstärkt. Man darf dieses uns heute fremd anmutende Gebiet keineswegs als Künstelei abtun, zählt doch der Rhythmus nicht weniger als Wortwahl und Satzbau zu den Mitteln der Überredung. Die wichtigsten rhythmischen Satzschlüsse (Klauseln), die oft auch im Inneren der Sätze leichte Inter-

punktionen markieren, sind Kretikus und Trochäus (Beispiel: *clausulas esse*; bzw. mit Auflösung einer der Längen: *esse videatur*), Doppelkretikus (Beispiel: *clausulas fecimus*) und Ditrochäus (*feceramus*). Mehr sei nicht verraten, um nicht der Entdeckerfreude des Lesers vorzugreifen.

## Gehalt

Mommsen nennt Cicero »an Worten, wie er selber sagt, überreich, an Gedanken über alle Begriffe arm«.[17] Dieses evidente Fehlurteil wird durch Ciceros in jeder Rede aufs Neue überraschenden Einfallsreichtum ebenso widerlegt wie durch seine philosophischen Schriften, die zwei Jahrtausenden geistige Nahrung boten. Schlagend wird Mommsen durch folgende Worte seines Lieblings Caesar zurechtgewiesen: Cicero habe um so viel mehr für Rom geleistet als alle Feldherren mit ihren Triumphen, »wie es mehr ist, die Grenzen des römischen Geistes erweitert zu haben, als die des römischen Reiches« (Caesar, *De analogia*, zitiert bei Plinius, *Naturalis historia* 7,117: *omnium triumphorum laurea maior, quanto plus est ingenii Romani terminos in tantum promovisse quam imperii*).

Hier wollen wir uns indessen auf eine einzige Feststellung beschränken: *Einen* Gedanken kann unserem Redner auch der strengste Kritiker nicht absprechen: den der *res publica*. Dieser eine Gedanke hat Cicero genügt, um sein ganzes Leben auf ihn auszurichten. Das zeugt von Größe.

Der Begriff *res publica* stellt übrigens den Übersetzer vor Probleme: »Gemeinwesen« (»Sache des Volkes«) ist eine treffende Lehnübersetzung, klingt aber etwas gesucht; »Staat« wirkt etwas trocken und unpersönlich, »Bürgerschaft« ist sehr gut, man assoziiert es aber heute mehr mit freien Städten als

17 Th. Mommsen, *Römische Geschichte*, Bd. 3, Berlin 1875, S. 620.

mit einem Weltreich, »Republik« oder »Verfassung« gibt öfter das von Cicero Gemeinte wieder (nämlich im Gegensatz zur Monarchie oder Militärdiktatur), doch ist die römische Verfassung (im Unterschied zu den heutigen) eine ungeschriebene. Sie lebt (und stirbt) in den Herzen der Bürger.

Wichtig ist daher für Cicero die Einmütigkeit aller Stände (*concordia ordinum*), die er in den Tagen seiner geglückten Aufdeckung der Verschwörung erlebt. Wie brüchig diese Eintracht ist, muss er später erfahren.

Stellenweise scheint sich in den *Catilinarien* schon sein späteres Bemühen anzukündigen, das römische Staatsgefühl auf philosophischer Basis zu erneuern. Es ist fesselnd zu beobachten, wie sich für Cicero, den philosophierenden Politiker, der Kampf für die Republik und gegen Catilina in einen Konflikt zwischen Tugenden und Lastern verwandelt (2,11,25). Nacheinander treten Römertugenden auf: *pudor* – »Selbstachtung«, *pudicitia* – »Reinheit«, *fides* – »Vertragstreue«, *pietas* – »Sohnesliebe« (auch gegenüber dem Vaterland), *constantia* – »Standhaftigkeit«, *honestas* – »Anständigkeit«, *continentia* – »Selbstbeherrschung«. Dieser Katalog mündet aber in die vier Kardinaltugenden der griechischen Philosophie: *aequitas* – »Gerechtigkeit, Fairness«, *temperantia* – »Mäßigung«, *fortitudo* – »Tapferkeit«, *prudentia* – »Klugheit«. Das hier inszenierte Ringen zwischen Tugenden und Lastern bereitet die allegorischen Kampfszenen der spätantiken Dichtung (Prudentius) und der mittelalterlichen Kunst vor. Später werden lateinische Kirchenväter die Cicero vorschwebende römische Staatstreue auf das Verhältnis des Christen zur Kirche übertragen.

## Überlieferung

Die handschriftliche Überlieferung der Catilinarischen Reden zerfällt in drei Klassen (α, β, γ). Die Gruppe Alpha ist ur-

sprünglich in Frankreich, Beta in Süddeutschland, Gamma in Lothringen beheimatet. Auffällig ist, dass in den ersten beiden Reden oft Beta und Gamma gegen Alpha zusammenstehen, in der dritten Beta und Alpha gegen Gamma, in der vierten Alpha und Gamma gegen Beta (oder aber wie in der dritten). Viele Herausgeber gaben der Alpha-Überlieferung den Vorzug (so noch Clark, der jedoch erkannte, dass manchmal nur Gamma das Richtige hat). Das hohe Alter auch der Gamma-Überlieferung hat inzwischen die Erforschung der Papyri bestätigt, denen man an mehreren Stellen gute neue Lesarten verdankt. Daher ist für die Textkritik jetzt von den neuen Editionen von Maslowski und Dyck auszugehen.

## Fortwirken[18]

Die Reden gegen Catilina wurden von Cicero »für die studierende Jugend« im Corpus der Konsulatsreden veröffentlicht (vgl. *Ad Atticum* 2,1,3; Plinius, *Naturalis historia* 7,116 f.). Früher rechnete man mit größeren Änderungen und Zusätzen Ciceros bei der Herausgabe; Wilfried Stroh hat dem mit guten Gründen widersprochen (1975, S. 31–54; 2000, S. 75–78), natürlich ohne stilistische Glättungen auszuschließen. Zwar lag es nahe, bei der Endredaktion manches, was zwischen den Zeilen mitschwang, im Rückblick ausdrücklicher zu formulieren, aber vieles von dem, was ihn später erwartete, mag Cicero in der Tat schon geahnt haben, als er seine Reden hielt.[19]

Das von dem großen Redner mit kecken Strichen gezeichnete Bild Catilinas hat als erster Sallust (trotz seiner geringen

18 Zum Fortwirken Zielinski 1967; Highet 1949, S. 393; 398; Dyck 2008, S. 13–16.

19 Vgl. Dyck 2008, S. 11. Gegen Überarbeitung argumentiert K. Büchner in: Klose 1972, S. 136 ff.

Sympathie für Cicero) übernommen und näher ausgeführt. Plutarch und Dio Cassius folgten. Auf dem Schild des Aeneas erscheint Catilina als Büßer in der Unterwelt und als Gegenbild zum frommen Cato (Vergil, *Aeneis* 8,666–670).

Behandlung der Catilinarischen Reden im Schulunterricht bezeugen (teils zweisprachige) Papyri sowie Zitate bei Grammatikern und Quintilian (der jedoch die erste Rede öfter zitiert als die weiteren). Auch unter den christlichen Autoren findet Cicero viele Leser: die *Catilinarien* schätzt der ebenso wortgewandte wie streitbare Hieronymus ganz besonders.[20] Im Mittelalter liest und kopiert man diese Reden oft zusammen mit beliebten Schultexten wie *Laelius de amicitia* oder *Cato maior de senectute*. In der Frührenaissance bedauert Petrarca (*Epistolae familiares* 24,3), dass Cicero, statt sich dem *otium* zu weihen, seinem Zorn gegen Catilina nachgab – in Verkennung der Tatsache, dass für Cicero die Politik die Priorität vor der Literatur hatte.

Im Druck erscheinen die *Catilinarien* in der *Editio princeps* der Reden (1471). Kein Wunder, dass lateinische Redner der Renaissance und der Reformationszeit sich Ciceros Reden zum Vorbild nehmen. Ulrich von Huttens Reden gegen Herzog Ulrich von Württemberg stempeln in vielfach wörtlicher Anlehnung an Cicero[21] den Gegner zu einem neuen Catilina, Verres und Antonius. Von kreativer Nutzung im Schulunterricht zeugen Übungen wie eine anonyme »Rede Catilinas gegen Cicero.«[22] Seit der italienischen Renaissance betrach-

20 Adkin 1992.

21 L. Wellner, *Über die Beeinflußung* (sic) *einiger Reden Ulrichs von Hutten durch Cicero*. Schulprogramm Mährisch-Neustadt 1910 (im Internet bequem zugänglich).

22 R. Glei, *Catilinas Rede gegen Cicero: literarische Fälschung, rhetorische Übung oder politisches Pamphlet?*, in: Neulateinisches Jahrbuch 4, 2002, S. 155–172.

ten Verschwörer die Gestalt Catilinas als ihr Vorbild; andererseits erklärt kein anderer als der als unmoralisch verschriene Machiavelli zu unserer Überraschung, Caesar sei »noch verabscheuungswürdiger als Catilina, weil der, der Unrecht getan, mehr Tadel verdient als der, der Unrecht tun wollte.«[23] Die Gestalt Catilinas verlockt zu Dramatisierungen, so Ben Jonson, *Catiline: his conspiracy* (aufgeführt 1611, gedruckt 1614). Französische Dramatiker wie der Abbé Simon-Joseph Pellegrin (1742) und Prosper Joliot de Crébillon (1748) verherrlichen die Allobroger als Ur-Franzosen im Gegensatz zu den dekadenten Römern und beleben die Handlung durch Liebesintrigen. Während Crébillon die Wertung Catilinas offen lässt, ergreift Voltaire (*Rome sauvée*, 1750) eindeutig für Cicero Partei, der als Geistesheld der Aufklärung den Anspruch erheben darf, er hätte als Erzieher sogar aus Catilina einen Scipio machen können. Der große Franzose erfasst den pädagogischen, philosophischen und politischen Impetus Ciceros. Dagegen erscheint in Salieris Oper *Catilina* (1792; Text: G. Casti) Cicero als Feigling, und die Halbweltdame Fulvia stellt den Patriotismus Catos in den Schatten.

Die französische Revolution bringt eine Hochblüte politischer Reden hervor. Redner wie Zuhörer sind klassisch gebildet. Louvet greift im Oktober 1792 Robespierre verdeckt als neuen Catilina an, dieser entgegnet eine Woche später in Anlehnung an Ciceros *Pro Sulla*.[24]

Der Wandel der Zeiten spiegelt sich auch in der Bildenden Kunst. Im 18. und frühen 19. Jh. wird z. T. noch unter dem Eindruck Voltaires Cicero bewundert: Luc Bretons Terracotta-Büste (zw. 1750 und 1775; Musée des Beaux-Arts, Besançon)

23 N. Machiavelli, *Il Principe e Discorsi sopra la prima deca di Livio*, hrsg. von S. Bertelli, Mailand 1960, S. 156 f.

24 Zielinski 1912, S. 264 f.

zeigt ihn als Philosophen und Jean-Antoine Houdons Statue (um 1802, Louvre) als Redner und jugendlich verklärten Menschheitslehrer mit dezent hinweisendem pädagogischem Gestus. Auf szenenartigen Bildern des 19. Jh.s steht Cicero als Ankläger im Mittelpunkt, Catilina aber links, im Begriff fortzugehen (B. Barloccini 1849, Stich nach C. C. Perkins), oder aber dieser sitzt ganz rechts, abseits von den übrigen Senatoren in Denkerpose mit gesenktem Haupt (1880, Fresko von Cesare Maccari, Palazzo Madama, Rom) und erweckt dadurch Anteilnahme (dieses Werk steht schon unter dem Eindruck der bürgerlichen Revolution, des Risorgimento und Ibsens). Die gleiche Bildtradition und beide Protagonisten verspottet bereits der Punch-Karikaturist John Leech (gest. 1864). Imponierend dagegen der stolze, hoch erhobene, scharf geschnittene Römerkopf der Catilina-Büste von Thomas Vinçotte (Bronze, 1889, Musées Royaux des Beaux-Arts, Brüssel).

Nach der bürgerlichen Revolution 1848 entsteht Ferdinand Kürnbergers Drama *Catilina* (1855). Der Held erscheint als selbstloser Idealist, der für eine freie und gerechte Gesellschaft kämpft, Cicero dagegen (wie bei Salieri-Casti) als Feigling. Ibsens Frühwerk *Catilina* (erschienen 1850, überarbeitet 1875) entwirft das Seelenbild des unsteten, innerlich zwiespältigen Revolutionärs. Im Anschluss an die russische Revolution schreibt der große Lyriker Aleksandr Blok – auch im geistigen Dialog mit Ibsen – seinen Aufsatz *Katilina* (1918).[25] Dabei steigert er aus schmerzlicher Erfahrung der Zeitgeschichte die inneren Widersprüche in Catilinas Wesen bis zur Paradoxie. Erschreckend aktuell klingt für uns heute seine Schilderung der totalen Wesensveränderung des Revolutionärs als einer seelischen Metamorphose, die ihn (wie so manche Gestalt Ovids) seinem früheren Ich völlig entfremdet. Die Blok aus erster

25 v. Albrecht $^{2}$1998, S. 38–57.

Hand vertrauten antiken Zeitzeugnisse (bis hin zum ruhelosen Rhythmus der Galliamben in Catulls Attis, einer Gestalt, deren religiösen Fanatismus Blok mit dem politischen Catilinas vergleicht) spiegeln für ihn mit seismographischer Empfindlichkeit die gewittrige Atmosphäre einer Epoche des Umbruchs.

Catilina ist durch Ciceros Feder zum Inbegriff des Revolutionärs geworden. Die vielfältige Auseinandersetzung der Nachwelt mit dieser Gestalt ist kein geringer Beweis für die literarische Gestaltungskraft Ciceros. Dass Ciceros Reden eine spannende Lektüre sind, beweist unter anderem ihr Fortwirken in modernen Kriminalromanen.[26] Doch auch das politische Ringen Ciceros um die Erhaltung der Republik[27] und den Vorrang der Zivilgewalt verfolgen wir heute, wo der Terror in aller Welt um sich greift, mit neuen Augen.

26 Z. B.: John Maddox Roberts, *The Catiline Conspiracy* (1991), deutsch bei Goldmann 1995; Steven Saylor, *Catilina's Riddle*. Minotaur Books 2002.

27 Die römische Mischverfassung war zwar keine Demokratie im modernen Sinne, aber doch der Militärdiktatur eindeutig vorzuziehen.

# Inhalt